浅野智彦
Asano Tomohiko

# 「若者」とは誰か

## アイデンティティの社会学

河出書房新社

# まえがき

「若者」という言葉は、「大人」たちの視線を未来と過去との双方に向かわせる力を持つ。第一に、若者こそが未来の社会の作り手であるから、第二に、誰もがかつては若者であったから。大人たちは過去の自分と比べながら今の若者を眺め、彼らが作るであろう社会に思いを致す。この力のゆえに大人たちは若者についてあれこれ語らずにはいられないのかもしれない。高度成長期以降の日本社会を振り返ってみても、時代ごとに様々な物語が若者について語られてきた。

それらの語りは、往々にして一過性のものであり、賞味期限も短く、その語りが対象としてきた「流行現象」と同様にいっとき流行してはすぐに忘れられていくようなものであった。けれども「若者」がこの社会にとってそれほどに重要なものであるのだとしたら、それらの語りを整理し、定着させ、それによって「若者」とのつきあい方について考えてみるべきではないか。本書の出発点にあったのはそのような問題意識である。

本書は2013年に河出ブックスの一冊として刊行された『「若者」とは誰か——アイデン

ティティの30年』を増補・新装したものである。2015年に補章を加えた増補新版および電子版を出しているので、本書は、それに続いて二回目の増補版ということになる。2015年の増補版では主に2011年に行なった調査のデータに基づいて旧版の論旨を補強した。今回の増補では主に2021年に行なった調査のデータを用いて特に直近20年間の変化を確認している。副題にあった「アイデンティティの30年」は、今回「アイデンティティの40年」に拡張されたことになるだろう。

この最初のサブタイトルが示す通り、本書は若者のアイデンティティが30年の間にどのように変化したのかを跡づけようとしたものだ。「『若者』とは誰か」という問いに対する答え方――それが若者のアイデンティティの輪郭を描くのだが――は時代や社会によって異なる。1980年代からの30年間を振り返ったときにどのような答え方が提示されてきたのかをたどり直してみようというのが本書の企図であった。1980年代に消費社会化にともなって常態化した「自己は自分自身で作るものだ」という感覚、いわば自己の仮構性・虚構性が、やがて自己の多元化を帰結する。本書で描き出した30年間の変化を要約すればそのようになる。

世代に関わる研究は、しばしばそれに従事する研究者自身の世代と深く関わる。私は1964年生まれであり、1980年代に学生生活を送り、1990年代のはじめからかけだしの研究者として若者研究に関わり始めた。したがってこの30年間をみるときの私自身の視点は、最初の10年（1980年代）についてはある意味で当事者の（回顧的な）それであり、次の10年（1990年代）についてはある程度は当事者でありながら、同時に研究者でもあるようなそれであった。そして最後の10年（2000年代）については――青年期が引き延ばされつつあった当時の状況からするとまだ若者の一部ではありつつも――「新人類」世代に属する「元若者」という視点からみていたことになる。アイデンティティ論の前線としてオタク文化を設定した点にそういったことが反映されているかもしれない。また今回の補論で、団塊ジュニア世代（就職氷河期世代、ロスジェネ）に焦点を合わせたのも、直前の新人類世代との差異に関心が向いていたからとみることもできるだろう。

ではそのあとの10年はどうであったのか、というのが今回の増補の要となる問いである。詳細は補章を見ていただくとして、結論だけいえば、「『若者』とは誰か」という問いを問いとして成り立たせてきた前提が変容しつつあるということになる。その結果として、ある人々を「若者」としてくくりだすことがこれまでのようにはできなくなってきている。例えば、自己を多元化させたかつての若者たちは、そのまま年齢を重ねることによって多元的自己を備えた中高年となりつつある。自己の多元化が進行しつつあるという本書の見通しはおおむね支持されるものの、それはもはや必ずしも若者においてだけ見られる現象でない。自己多元性の進行は若者を他から決定的に区別する特徴ではなくなってきているのである。

アイデンティティが「問題」――問うにあたいする何か――として成り立つための諸条件がある、という指摘から本書は出発している。10年が過ぎた後、今度は若者を「若者」として問題化するための諸条件の変容について指摘する補論によって本書は閉じることになる。若者論にとってこの10年はそのような時期であった。

もちろんこの10年の間にも「若者」はしばしば話題を提供してきた。例えば、安全保障政策をめぐって若者たちが中心となり国会で反対運動を繰り広げたこと。あるいは、投票年齢が18歳に下げられたことによりあらためて若者の政治意識に関心が向いたこと。長く続いた安倍（晋三）政権を保守化した若者が支えているとしばしば（多くの場合やや批判的に）論評されたこと。「ゆとり世代」──「さとり世代」はもちろん──という言葉が徐々に退場し、「Z世代」という言葉が定着したこと。コロナ禍の影響を受けて、若者、特に若い女性の自殺率が上昇し、深刻な問題として共有されたこと。いっそう急速に進む少子化の原因として晩婚化・非婚化、さらには「草食化」が注目されたこと。

こういったその時々の事件や流行を語る際に「若者」という言葉が動員され、「最近の若者は」「Z世代は」という語りが繰り返されたことはそれに先立つ30年と変わらない。そういった時評的な語りにも意味や意義があることはもちろんである。それによってその都度の状況を理解可能なものとすることには、そこに関わる多くの人にとって、重要な価値があるだろう。けれども社会学が「若者」に注目し、それを研究するのであれば、そういった時々の話題とともに、それを若者論として語ることができるための諸条件にも目を向ける必要がある。

若者は社会の変化の先端にいるものと考えられており、「新しさ」と結びつけて捉えられてきた。若者を論じる人々は、今の若者のどこが新しいのか、どのように新しいのかについて様々に語ってきたのである。時評的な語りの発する強い魅力はこの「新しさ」にあったと思う。けれども数十年にわたってそのようなことを続けてきて、今日、新しさを論じること自体が新しくないものに感じられるようになりつつある。若者論における「新しさ」の追求はいわば飽和状態に達しつつある。若者論として語ることができるための諸条件に目を向けるということは、そのような新しさを探し求めるのとは別の仕方で「若者」「若者論」に対するということでもある。そのような研究方針は、その「諸条件」と連動して変容しつつある戦後日本社会のあり方を探る一助ともなるかもしれない。

そのために必要なのは、一つには、移り変わる様々な話題とは別に、定点観測のような形で行なわれる調査研究である。さいわい私はそのような研究を続けてきた二つの研究会に参加する機会を得て、その成果として得られたデータを参照しながら研究を進めることができた。本文中でも名前をあげているが、青少年研究会とモバイルコミュニケーション研究会がそれだ。青少年研究会は1992年から、モバイルコミュニケーション研究会は2001年から、どちらも10年ごとに大規模な調査を行なってきた。この調査に参加していなければ、本書を執筆することはできなかった。特に二つの補論を執筆するうえでモバイルコミュニケーション研究会の調査結果には大きく助けられている（どちらの研究会の調査もちょうど最新調査を終えたばかりであったのも幸運であった）。この場を借りて二つの研究会でともに調査を行なってきた方々にお礼を申し上げたい。

もう一つ必要なのは、定点観測のようにしてなされた研究の成果を広く伝えるための通路である。学術的な研究の成果はまずは研究者の共同体に向けて報告される。それに対する批判や再批判、検証や追試などがあり、それらが連接してコミュニケーションの連鎖をなしていくところに研究成果の第一の意義はある。だが若者研究のように、その成果がしばしば——教育や福祉などの政策を通して——「若者」とされる当事者たちの生活に影響を及ぼすような場合、学術的な共同体の外側に向けてそれを報告することには独自の意義がある。その点で、本書がこのような形で刊行される機会に恵まれたのはありがたいことであった。これは、ひとえに河出書房新社の藤﨑寛之さんのおかげである。ここであらためて感謝したい。

藤﨑さんに執筆のお誘いをいただいてからすでに16年ほどが経っている。この間、常に(ひどく)遅れがちな原稿を辛抱強く待っていただき、定期的に相談をする機会を設けていただいてきた。そのような機会に助けられてようやく旧版を刊行した後、二度にわたって増補を行なうようすすめていただけたのは著者としてほんとうに得難い幸運であったと思う。

このまえがきは本書の旧版を刊行してから10年余りが過ぎた時点で書かれている。次の10年は若者にとって、また若者研究にとってどのような10年となるだろうか。そのことに思いを巡らせながら再び本書を送り出す。

浅野智彦

目次

図表作成：神保由香

本文中での文献指示は、著者名、出版年（＝翻訳出版年）、頁によって行なう。例えば、
天野［1992:15］
は、巻末の引用・参考文献リストにおける
天野義智　1992『繭の中のユートピア——情報資本主義の精神環境論』弘文堂
の15頁からの引用であることを示す。

# 「若者」とは誰か

アイデンティティの社会学

# 第1章

# アイデンティティへの問い

## 1　アイデンティティという「問題」

### 失われたものとしてのアイデンティティ

若者のアイデンティティがこの30年ほどの間にどのように変化してきたのかをたどってみようというのがこの本の目的である。

もう少し詳しく言い直してみるとこうなる。

若者が自分自身のアイデンティティを探求したり形成したりするやり方は、この30年の間にずいぶん変わってきた。まずはこの変化の道筋を見てみようというのが、一つ目の目的となる。

ところで若者たちが自分たちのアイデンティティをめぐってあれこれ苦労している姿を見て大人たちは「最近の若者は〇×だ」という像を描き出す。この像もまた「若者が何者であるのか」という問いに対する答えであるという意味で若者のアイデンティティといってよいものだ。それがどのように変化してきたのかを描くことが、もう一つの目的となる。

例えば「自分探し」「意識の高い」「自己啓発」「ゆとり」「内向き」「〇×離れ」「ソーシャル」等々、若者について語られる言葉は今も数多く生み出され続けている。それらの言葉は、一方では個々の若者のアイデンティティに関わる営みと結びつき、他方では大人たちが若者たちを捉えようとする営みに結びつく。本書を通して描き出してみたいのは、そのような二つの意味でのアイデンティティが30年間にわたってたどってきた変化の軌跡である。

とはいえ、実のところこのような問いの立て方自体がある程度それへの回答を暗示してもいる。それは次のような事情による。

そもそも「アイデンティティがどのように変容してきたのか」という問いがそれなりに(こうして出版にまでこぎ着けてしまう程度には)意味のある問いに見えているのはなぜだろうか。若者のアイデンティティが問うに値する重要な問題であると感じられているのはなぜなのか。

それは、多くの人々の間に、次のような漠然とした感覚が分かち持たれているからではないだろうか。アイデンティティを確立することは誰にとっても重要であり、それが特に若い時期に重要な課題となるので、若者たちはそれをめぐってあれこれ努力を重ねずにはいられないのだ、と。このような感覚を前提にすれば、アイデンティティやその変化について問うことはある意味で自然なことだ。そこで与えられる答えが興味深いものであるのか、退屈なものであるのかはともかくとして、ともあれ問いを立てること自体には不思議さは感じられないことになろう。

この不思議さの欠落や自然さについてジグムント・バウマンという社会学者が語っていることをここで紹介してみたい。彼は、マックス・ウェーバーやエミール・デュルケームといった社会学の父祖ともいうべき大家の名前をあげてこういっている。

彼らはみな、自分たちの時代の男女の困難や苦悩、不安との対話に取り組みました（そうした取り組みの深さや誠実さ、献身こそ彼らの本当の偉大さであり、後の社会学にとってもっとも重要な遺産です）。「アイデンティティ」は、それらの問題の中で突出したものではありませんでした。もしも彼らが、自分たちの時代の重大な問題に見事に同調させていた耳を、ほぼ一世紀後に生れる私たちの社会にも傾けていたなら、「アイデンティティという問題」が、一般の人々の意識の中だけでなく、学問的な議論においても突如として中心的な争点となったことを、非常に興味深い社会学的な謎と考えたことでしょう。（Bauman［2004=2007:42-43］）

ウェーバーやデュルケームが活躍したのは、だいたい19世紀の終わりから20世紀のはじめにかけての時期だ。この時期の「困難や苦悩、不安」に取り組んだ彼らにとって、しかし、アイデンティティは問うべき問題には数えられていなかった、というのである。アイデンティティが問うべきあるいは論じるべき問題であると考えることにすっかりなじんでしまった私たちの目から見るとこれは何とも奇妙なことであるが、逆にかの社会学の父祖たちからすればアイデンティティが社会学の扱うべき重要な問題の一つとなっている今日の状況こそが驚きであろう、とバウマンはいう。

ではなぜこのようなことが起こったのか。19世紀末から20世紀初頭を生きた大社会学者の耳には届かなかったアイデンティティという問題は、今日いかにして社会学の中心テーマの一つにまでのぼりつめたのだろうか。

バウマンの答えは、それが失われてしまったからだ、というものである。アイデンティティが確固としたものであった時代には、それはいわば自然で所与のものであり、あまりにも当たり前のものであったためにあえてそれを問題化する必要が感じられなかったのだとバウマンはいう。「つまり、人は、それが消滅し、崩壊し、奇妙な行動を見せ始めるか、失望させられるかして初めて事態に気づき、綿密な調査と熟考の対象にする」というわけだ(1)（Bauman［2004=2007:43］）。

その自然性や所与性を構築する土台となったのは、バウマンによれば、国民国家の成立とそれにともなうナショナルアイデンティティの浸透である。今日、崩れているのはまさにこの国民国家という枠組によって支えられてきた自然で所与のアイデンティティだと彼は論じている。バウマンはポーランドで生まれ育ち、教鞭をとってきたが、ある時期にイギリスに亡命してきたという経歴を持つ。おそらく彼の議論は、ナショナリティが問われる場面ではつねに困惑せざるを得ないと語る彼自身の実感にも裏打ちされているのであろう。

だが自然性や所与性を国民国家のみに帰する必要はないだろう。戦後日本においては例えば職場や家族などへの所属もまた自然性・所与性の源になっていたと考えられる。ともあれ、われわれの社会においてアイデンティティについての問いを立てることが当たり前のことになっているとすると、それは、アイデンティティの確からしさが「消滅し、崩壊し」てしまっているからではないか。若者のアイデンティティについて問いを立てる上でバウマンとともにまず確認しておかなければならないのは、この点、つまりそれはすでに失われたものについての問いなのだということだ。あるいはもう少し正確にいうなら、こうなるだろう。失われたと感じている現在から振り返ったときに「かつてはあった」ようにその目に映じる何かによって駆動されている問いである、と。

このことは個々の若者が希求するアイデンティティについてばかりでなく、大人たちが若者をひとまとまりに捉えようとする際のアイデンティティについてもいえることだ。一方において、若者はますますひと括りにしにくい集団になりつつある。社会学者・古市憲寿が鋭く指摘したように、若者であるというういわば世代的・年齢的要因よりも、性別や生活する地域、出身階層等々の方が今やより強く彼らの意識や行動を規定するようになりつつある（古市［2011］）。

他方において、ある世代と別の世代を分かつ違いも小さくなっていると言われている。NHK放送文化研究所が1973年以来5年おきに実施してきた意識調査によれば、日本人の基本的な意識や価値観は、下の世代になるほど世代間の違いが小さくなるのだという（NHK放送文化研究所編［2008］）。上の世代との対比で若者をひと括りにすることは、ますます難しくなってきているのである。

つまり若者という括り（アイデンティティ）は、内側からも外側からも弛緩しつつあるということだ。若者とは誰のことかという問いが意味を持つのは、このような状況への漠然とした直感があるからではないだろうか。

## 語りとアイデンティティとの循環

そこで本書ではアイデンティティの変容という問いに次のようなやり方で取り組むことにする。第一に、アイデンティティのあり方というよりは、アイデンティティが「消滅し、崩壊し」ているその様態とその変化を描き出すこと。第二に、かつてはあったが今は失われたと信じられているアイデンティティ像、いわばアイデンティティの残像との対比においてそれがいかに描き出されてきたかを明らかにすることである。

次章以降、様々な資料や統計データ・調査データを引用しながらこの二つの作業を進めていくが、それに先立って注意を促しておきたいことがある。それは、アイデンティティについての語りが、それ自体、アイデンティティを構成する素材になるということだ。例えばニート（NEET）という語り方が流行すれば、ニートと呼ばれる当の若者たちも自分たちをニートとして認識するようになるし、引きこもりについての語りが厚く積み上げられれば、引きこもりと呼ばれる当の若者たちも自分たちをそれによって了解するようになる。

このことはアイデンティティがそもそも意味と解釈によって成り立つものであることに由来する。アイデンティティは例えば心臓が左胸にあるのと同じように「ある」のではない。それは、人が自分と周囲の世界、周囲の他人たちとの関わりを通して得た自分自身についての意味や解釈を通して「ある」。この意味や解釈に関わるものは何であれアイデンティティを構成する素材となり得る。あるいは否応なく素材として組み込まれてしまう。

したがって一方にアイデンティティという現実があり、他方にそれを映し出す言葉がある、というようにはなっていないということが重要だ。アイデンティティはそれについて語る言葉によって構成され、その過程を見た人がそれについてまた語るという一種の循環過程の内にある。あるいはまた、アイデンティティに働きかけようとする人々がそれに応じた語り方で彼らについて語ろうとすることもあろう（このあとで述べるエリクソンをその典型例として見ることもできよう）。したがって本書で参照されるどの語りもデータも、「現実」を「写す」ものというよりは、現実を形作る要素でもあるものとして受け取ってほしい。

この点に注意しておかないと、語る側の思惑に足をすくわれて、奇妙な像を描き出すことになってしまう。例えば次の語り方を見てもらいたい。

若者は、個室を装置化し、自分を外界から遮断する。他人を、密室の入口をあけて招き入れることは稀である。むしろ、人間関係は、装置ごとのドッキングの状態である。心理的にも、隔壁を用意した上で関係をとり結ぶ。若者の好むコミューンは、こうした結合の集合体であって、赤裸々な自我の直接的結合の総体ではない。隔壁を介した結合こそが望ましく、それは、〈やさしさ〉ということなのだ。したがって、ほとんどの人間関係において、密室性が保持される。

これは１９７５年に出版された本の中で著者たちが当時の若者たちについて語った言葉であ

る（中野・平野［1975:113］）。このような特徴を踏まえて彼らは若者に新しく見られるようにな
ってきた社会的性格を「カプセル人間」と命名した。

私的領域への内閉傾向、メディアを介してのみつながりたがる傾向、全面的なつきあいを好まない傾向、ここで語られた内容は、いずれも後に若者の変化として繰り返し語られることになる特徴を含んでいる。実際、出典を知らされずにこの文章を読まされた者は、これが2000年代以降のインターネット上のコミュニケーションについて書かれたものと言われても疑わないであろう。

また、この著者たちはこのような社会的性格の具体的な現れとして、喫茶店に入った友人集団と思しき大学生たちが、席につくなり思い思いの漫画を黙々と読み始めたという目撃談を紹介している。そこに出てくる「漫画」を「ゲーム」や「携帯電話」に置き換えれば、そのまま今日の若者についての記述として読めてしまいそうである。

「最近の若者は○×である」と驚いてみせる人々は、要するに過去の若者との「違い」を言い立てているわけだが、少なくとも1975年には観察されていた「○×」をその後もずっと言い続けているとしたら、それはほんとうに「違い」といえるものだろうか。そのような語りにあっては、「変化した」と言い続けるという（大人の側の）「変化のなさ」こそがむしろ際立つというべきではないか。そもそも30年という時間はかつて若者であった人々が若者について語る立場に移行するのに十分な長さである。かつて自分たちが言われたことをあらためて驚きながら下の世代に言うことの不思議さについてもう少し考えてみた方がよい。

つまり、若者について語ろうとする人々はしばしばそれをまったく新しいものとして描き出そうとする。あるいは、そうすることによって何かを達成しようとしているといってもよい（政治的な説得であれ、マーケティング上の戦略であれ、教育的な働きかけであれ）[2]。

したがって本書で取り上げる資料やデータは、単にアイデンティティという現実を映し出すものとして参照されているのではないという点に注意されたい。むしろそれらの資料・データ自体がときにその時代のアイデンティティをめぐるゲームの一部をなしている場合がある。

さて、本章の残りの部分でアイデンティティの変容を観察するための理論的な補助線を引いておくことにする。まずはアイデンティティのあり方をめぐる二つの原型的イメージを描き出した理論家としてエリック・エリクソンとデヴィッド・リースマンを紹介する。次いで、二つの原型が日本の若者のアイデンティティを論じる上で持つ含意について確認する。

## 2　統合を目指す自己：エリクソンのアイデンティティ論

### エリクソンの自我アイデンティティ論

消費社会の中でアイデンティティについて語ろうとする際にしばしばとられる基本的な枠組

は、1950年代のアメリカにおいて形成された。1950年代のアメリカは歴史上はじめて消費社会が大規模に展開した社会である。その中で消費社会に対応する自己の様態が生み出された、その新しい様態を捉えようとする理論が生み出された。そのような理論の中から、ここでは対照的といってよい二つのものを紹介する。一方が精神科医であるエリック・エリクソン、他方が社会学者のデヴィッド・リースマンのそれである。友人同士であり、ともに消費社会的な自己のあり方について古典ともいえる本を残した二人であるが、その理論は対極的な方向性を持っていた。

まずはエリクソンの紹介から始めよう。なにしろ、エリクソンこそはアイデンティティという言葉を日常語にまで普及させた当の本人なのであるから。

エリクソンは人間の発達段階を八つに分け、それぞれの段階において達成すべき固有の課題があり、その達成に失敗した場合に固有の問題が起こると考えた。例えば、出生後最初の段階においては、世界と他人に対する基本的な信頼を獲得することが固有の課題となる。すなわち、自分は世界や周囲の人々に受け入れられている、自分はこの世に生きていてよいのだという最も基本的な信頼の感覚をこの時期に獲得しなければならず、これに失敗した場合、自分自身の奥底につねに不信を抱えて生きていくことになる。この不信は、後に続く各段階の課題に取り組む際に大きな負荷となるであろう。

アイデンティティの達成はこれら発達段階の中で青年期に生じる課題であり、それが獲得されなかった場合に生じる問題は「アイデンティティの拡散」と呼ばれる。ではアイデンティティを「達成する」とはどのようなことをいうのだろうか。

青年期に先立つ諸段階において、人は自分自身について様々なイメージを形成する。親に対する子どもとしての自分、友人に対する対等な仲間としての自分、教師に対する児童・生徒としての自分、等々。人が参加する様々な関係に対応して自分がどのような人間であるのかについて様々な像が生み出され、蓄積されていく。

しかしそれらのイメージは具体的な諸関係にはり付いたまま散在しており、相互に特に強いつながりを持たないまま断片の集積のようなものとして自分自身の内側に積み上げられている。エリクソンがアイデンティティの達成について語るときに意味しているのは、この（諸）自己イメージの中から重要なものを取捨選択し、それらを結び合わせて一貫した構造へとまとめあげていくことだ。

自己イメージはしばしば他人への同一化・同一視によって形成されていくのだが、それらの場当たり的な同一化・同一視の単なる集合と、自我アイデンティティとの違いについてエリクソンは次のように語る。

したがって、青年期の最後に定着した確定的なアイデンティティというものは、過去のさまざまな人間にたいする個々の同一視を超越するものである。すなわち、それは、重要な意味をもつ同一視をすべて含んではいるが、同時に、それらを作りかえることによって、一つの、合理的に首尾一貫した、独特の統一体を形づくってくるのである。（Erikson［1968=

1973:219〕）

この「独特の統一体」は、様々な自己イメージを「選択的に拒否し、相互に同化し、新しく配置し直すことから生れてくる」（Erikson〔1968=1973:216〕）ものだ(3)。

他方、そのような「統一体」の形成がうまくいかなかった場合、無数の自己イメージは統合されることなく、ばらばらな状態のままにおかれることになる。アイデンティティ拡散とエリクソンが呼んだのはそのような状態だ。このような状態のまま、人生全体を左右しそうな重要な選択に直面した場合、人は、選択に必要な方向性を見いだすことができず混乱状態におちいってしまう。エリクソンは、問題を抱えた多くの若者に医師として接する中で、このような統合の失敗が問題の背後にあるのではないかと考えた。

## エリクソン型アイデンティティの困難

では具体的にアイデンティティの達成過程は、若者の生活環境にどのように埋め込まれているのだろうか。エリクソンの様々な説明の中から最も基本的と思われる要素を拾い上げると次の三つになる。

第一に、何らかの職業につくこと。何らかの仕事に従事することを通して人は社会の中に自らの位置を確保する。それによってアイデンティティは社会的にくっきりとした輪郭を得る。第二に、結婚と出産。かけがえのない相手との間に親密で安定した関係を築き、また、世代を超えていく関係の中に自らを位置づけることで、アイデンティティはしっかりした支えを得る。第三に、信念の体系あるいは世界観を獲得すること。しっかりとした世界観に帰依することによってアイデンティティは明確な方向性を得ることができる、とエリクソンは考える。

しかしながら、1980年代以降の日本の若者は、つまるところこれら三つの要素が徐々に確保されなくなっていくような社会を生きているのである。この点について、次章以降の内容を先取りする形でやや詳しく見ておこう。

第一に安定した社会への係留点となるような職業はますます希少なものとなっている。すなわちグローバルな競争の激化、産業構造の転換、バブル景気終焉以後の長期的な経済的低迷等があいまって若年労働市場は1990年代から2000年代を通して逼迫《ひっぱく》の度合いを強めてきたのである。

例えば厚生労働省の調べによれば、高校新卒者に対する求人倍率は、バブル景気崩壊直後の1992年に3・08倍に達した後、いくぶんかの波はありながら1990年代末以降おおむね1倍を下回る状態が続いている（各年7月時点での数値）。またリクルートワークス研究所の調べによれば、大学新卒者に対する求人倍率も1991年に2・86倍に達した後、いくぶんかの波はありながら低迷を続けている（ただしバブル崩壊後も1倍を下回ることはほとんどなかったので、求人が絶対的に不足しているわけではないのだが）。

完全失業率の点で見ても労働市場は若者にとってますます厳しいものになってきている。1990年代末以降、全年齢層の完全失業率が4％台から5％台の間を推移しているのに対して、

15歳から24歳の年齢層においては9%台から12%台、25歳から34歳の年齢層においては5%台から6%台の間を推移している。

このような変化を背景に、学校を卒業した後フリーターをはじめとして不安定な非正規雇用につく若者（特に女性）が増大した。総務省の統計によれば、2011年度の時点で、雇用者に占める非正規雇用の割合は35歳から54歳の年齢層で29・3%であるのに対して、15歳から34歳の年齢層では32・6%となっている。

このような数字が意味しているのは、安定した支えとなりそうな仕事（いわゆるかっての「正規雇用」）につくことのできる若者が減少し続けているということだ。さらにいえば、2010年代に入って「ブラック企業」という言葉が広く聞かれるようになったように、正規雇用でありさえすれば安定しているとは必ずしも言えなくなってきている。このような状況で正規雇用にしがみついたり、あるいはその仕事に過剰な生き甲斐（アイデンティティ！）を見いだそうとすることはときに大きな危険をともなう。正社員としての身分を失う不安や、生き甲斐の追求という魅力によって劣悪な労働環境を甘受させられ、心身を病むまで働かされてしまうかもしれないからである。

その意味では職業がアイデンティティの支柱になる（べき）というエリクソンの議論は、少なくとも今日の日本社会においてはリスクをともなうものとなるだろう。

第二に、結婚や出産といった出来事がますます経験しづらいものとなってきている。国立社会保障・人口問題研究所が独身男女を対象に定期的に行なっている調査（「出生動向基本調査・独身者調査」）によれば、結婚を希望する未婚男女の比率にはあまり変化が見られない。それに対して厚生労働省の統計によれば、最初の結婚をする年齢（平均初婚年齢）は、このところ一貫して上昇し続けている。例えば男性は１９８０年の27・8歳から２０１１年の30・7歳へ、女性は１９８０年の25・2歳から２０１１年の29・0歳へと初婚年齢が上がっている。つまり結婚したい男女の数は減っていないが、実際の結婚はますます先延ばしにされる傾向にあるわけだ。

結婚を先延ばしにしている理由として25歳から34歳の年齢層の独身男女の多くが出会いの少なさをあげており、また結婚の意思を持つ男女の多くが結婚への障害として結婚資金の不足をあげている（「出生動向基本調査・独身者調査」）。この点から考えると、結婚はしたいが、相手がいなかったり資金が足りなかったりして結婚できないという独身者が増えたといえそうだ。

他方、結婚を先延ばしにするだけではなく、結婚せずに人生を送る人々も増えてきていると考えられている。生涯未婚率（50歳時点で一度も結婚したことのない人の割合）は、男性の場合、１９８０年の２・６０％から２０１０年の20・１４％へ、女性の場合、１９８０年の４・４５％から２０１０年の10・６１％へと増大している（国立社会保障・人口問題研究所編『人口統計資料集　２０１３年版』）。

このような結婚の先延ばしによる晩婚化や未婚者の増大により、人が生涯に持つ子どもの数はますます減っている。合計特殊出生率は、１９８０年の１・７５から２０１１年の１・３９へ、いくぶんかの波はありながら長期的には減少し続けている（国立社会保障・人口問題研究所編『人口統計資料集　2013年版』)。

したがって結婚や子育てを通して自分自身のアイデンティティを明確にしていくというエリクソン的な方策は、長期的にはますます選びにくいものとなっているといってよいだろう。

第三に、自分自身の生き方に確固たる指針を与えてくれる信念体系や世界観はますます得難いものとなっている。それどころかそのようなものが存在するということ自体についての信憑性自体が揺らいでいるといってもよいだろう。

むしろそのような世界観を提供すると標榜する者たちに対して「それはカルトではないか」という懐疑の目を向けることがごく自然な作法となっているような社会を若者たちは生きている。特に1995年にオウム真理教が引き起こした「地下鉄サリン事件」は、根本的な忠誠心を要求する教義や思想にとっては致命的であった。

NHK放送文化研究所が1973年以来5年おきに実施している調査によると2000年代後半に入って若者の間で超自然的なもの、神秘的なもの（あの世や占い）を信じる人が増えているのだという。しかしそれらが生き方の根本を支持するような力を持つとは考えにくい。

特定の信念体系や世界観へ帰依することで自分自身のアイデンティティを世界のうちに定位しようとする方策をとろうとする人々は、したがって帰依すべき対象の不在につまずくことになるだろう。彼らは宛先のない、いわば「さ迷える忠誠心」（小谷［1993］）を抱えたまま立ち止まらざるを得まい。

かくしてエリクソンが自我の統合において想定していた諸条件は、１９８０年代以降の日本においてはかなり掘り崩されてしまっている。つまり、アイデンティティは、日本社会においてますます達成の難しい課題となってきているのである。

エリクソンにとってアイデンティティは人間の発達の一こまであったわけだが、彼はこれを自然でありかつ規範的でもあるようなものとして考えていた。すなわちアイデンティティを達成することは自然であると同時にそうすべき（当為）ものでもあった。このような観点からすれば、先に見てきたような日本の状況は「自然」で「正常」な発達を阻害する「不自然」で「異常（病理的）」な事態として批判の対象となるであろう。実際、エリクソンの理論の魅力、少なくともその一部分は、そのような現状への批判の根拠を与えてくれる点にあったようにも思われる。

しかし、別の見方もできるのではないか。エリクソンにとって「自然」で「正常」だと見えていた事態は、ある歴史的・社会的な条件の下でのみそう見えていたのである、と。新しい社会的諸条件の下で模索される自己のあり方は、単なる「不自然」や「異常・病理」といった欠如や逸脱の様相においてではなく、新しいモデルの登場として眺めることもできるのではないか。

そして実際にそのような議論を展開したのが社会学者デヴィッド・リースマンだ。節をあらためて彼の議論を見ていこう。

## 3　多元化する自己：リースマンの社会的性格論

### 社会的性格としての外部志向

エリクソンが自我アイデンティティの達成をどのような人間にとっても必要となる発達課題だと考えていたのに対してリースマンは自己の形を社会に応じて変わるものだと考えていた。すなわち社会のあり方が違っていれば、その社会の中で標準的あるいは適合的とされる自己の形も違ってくると考えたのである。異なった社会は異なった自己の標準型をもち、それぞれの社会の中でうまく生きていくために人々は多かれ少なかれその標準型に合わせて自分自身を形成していかなくてはならないというのがリースマンの見方だ。そしてそのような標準的な自己の形をリースマンは「社会的性格」と呼んだ。

リースマンが具体的な分析の俎上にのせたのはアメリカ社会の変化である。この変化に対応してアメリカ社会における標準的な自己のあり方、すなわち社会的性格は、少なくとも二度、大きく変化してきたのだという。これを説明するためにリースマンはまず人口の増加パタンに着目した。人口の増え方に着目するとアメリカがたどってきた歴史は三つの段階に区分される。最初が多産多死型の高度成長潜在期と呼ばれる段階で、出生数は多いものの平均寿命が短いため全体としてみると人口は低い水準にとどまり続ける。次の段階が多産少死型の過渡的成長期であり、この時期には医療技術の発達や公衆衛生施策の普及等、様々の理由が重なって死亡率が下がり、平均寿命がのびるために人口が急激に増大する。最後が少産少死型の初期的人口減退期であり、この段階では死亡率の後を追うようにして出生数も下がり始め、人口規模は再び安定的な水準にとどまるようになる。

この三つの段階に対応して三つの社会的性格を区別することができるとリースマンはいう。すなわち高度成長潜在期に対応する「伝統指向」、過渡的成長期に対応する「内部指向」、初期的人口減退期に対応する「他人指向」という三つがそれだ。その上で当時のアメリカ社会に適合的な社会的性格は三つ目の他人指向であるというのがリースマンの見立てであった。他の二つの類型も含めて簡単に説明しておく。

伝統指向とは人口規模が小さく、生産水準が低い段階の社会に特徴的な社会的性格であり、伝統として認知されている基準に従って自分たちの行動を組織しようとする態度を指す。したがってそれは「特定の年齢集団、氏族、カーストなどの固定した集団の一員としての同調性というかたちをとる」(Riesman［1961=1964:9］)。

内部指向は、人口の急増とそれにともなう生産水準の上昇が生じる社会において見られる社会的性格であり、自分自身の内部に人生の早い段階で据え付けられた理念的な基準に従って行動を組織しようとする態度を指す。アメリカ社会がこの段階に入ったと考えられる19世紀頃には工場に代表されるような大規模な生産組織に労働者を組み込んでいくことが急務となっており、それを実現するためには伝統的な規範が支配する共同体から人々を引き離した上であらためて組織化していかなければならなかった。内部指向はこのような必要性に対応する上できわめて機能的な性格である。というのも第一にそれは基準を内部化したことによって伝統の縛りから自由になっており、第二に内的な基準に依拠することによって地理的な移動、社会的地位の変動などの変化に相対的に適応しやすかったからだ。

他人指向は、高い生産力を達成するとともに人口が再度安定し始めた社会に特徴的な社会的性格であり、自分の周囲の他人の動向に基準をおいて行動を組織しようとする態度である。1950年代のアメリカ社会はまさにこのような段階にあるとリースマンは考えた。この社会を生きる人々にとっては自分自身の信念や内的な価値基準に従うことよりも、他人の視線をたえず意識し、まわりの他人から認められるように振る舞うことの方がはるかに重要な課題となる。したがって「他人指向型の人間がめざす目標は、同時代人のみちびくがままにかわる」(Riesman［1961=1964:17］)ことになるのである。

こうしてみるとエリクソンが人間の普遍的な課題と見なしていた自我アイデンティティの達成は、リースマンの観点から見ればたかだか初期的近代社会の要請に適合するための歴史特殊的な自己の形に過ぎなかったということになろう。そして消費社会あるいは初期的人口減退期の社会に移行しつつあった50年代アメリカにおいてはエリクソン的なアイデンティティを達成するための条件は徐々に掘り崩されつつあった。

エリクソンとリースマン、この二人の理論のいずれもが多くの人々の注目を集めたことに示されるように、両者の並存あるいは対照は消費社会において自己やアイデンティティを語る際の原型を提供している。この原型の輪郭を以下でもう少し明確にしておこう。

## 統合的アイデンティティと多元的アイデンティティ

二人の見立ての対照を最も鮮やかに示しているのがアイデンティティが多元化していく傾向への評価である。

リースマンの分析に従えば、消費社会においては他者の動向を起点として自己の方向性が定められていくので、周囲の他者のあり方に応じて自己のあり方も変わっていくことになる。複数の異なる文脈において人間関係を築いているとしたらその文脈ごとに自己は異なったあり方をとるということだ。それらの文脈が相互に切り離されていればいるほど、各所で見せている自己の「顔」の間の違いも大きくなり得るだろう。すなわち「他人指向型の人間は内部指向的な時代にあった、一貫してひとつの顔をつらぬき通すというやり方をやめて、いろいろな種類の顔を使い分けるようになってきている」のである（Riesman［1961=1964:126］）。したがってリースマンにとってアイデンティティの多元化は、その良し悪しを論じる以前に、ある意味で避けることのできない大きな変化として捉えられている(4)。

エリクソンもまたこのような多元化への強い流れを認識してはいた。例えばアメリカ大統領ジェファソンについての講義の中で彼は「プロテウス的人間」について論じている。

プロテウスというのはギリシア神話に登場する神の一人で、状況に応じて様々な形に姿を変える能力を持っている。その神になぞらえてエリクソンは、相互に背反しさえする様々な人格を抱え込み、状況に合わせて異なった顔を見せるような人々をプロテウス的人間と呼んだのである。

しかし神話のプロテウスがそうであったように、これまでプロテウス的と形容されるべき人々の場合、「多様で捉えどころのない役割のなかの悲劇的なアイデンティティの核心、真の変わることのないプロテウスが存在していた」(Erikson［1974=1979:137］)。それに対して現代のプロテウスたちにはその不変の核心が欠如しているとエリクソンは批判する。もちろん対人関係や集団所属がより複雑に分化した現代社会においてはプロテウス的な振る舞い方は、その核心を欠いていたとしても合理的であるかもしれないし、あるいは「好運に恵まれるならば、その特技をアイデンティティ形成の本質的な要素として、現代の絶え間ない変動の中に、中心性や独創性の新しい意識を見出していく」だろう。だが、とエリクソンはいう。

こうした現代のプロテウスたちは、自分たちの子孫たちとどのように向き合うことになるのか、と問うてみる必要があります。(Erikson［1974=1979:138］)

子孫たちに向き合うという言い方によってエリクソンが表現しようとしているのは、どのような倫理的指針を後続する世代に示すことができるのかという問いかけだ。アイデンティティが多元化したからといって古くからの良心の問題がなくなるわけではない。自己の不変の核心が失われるとき、良心の問題に対してどのような態度をとり得るのか。この問いが最も鋭い形で現れてくるのが自らの子孫に向き合ったときであるとエリクソンは考える。

リースマンの見方からすれば、親が子に対して倫理的な指針を示し、それが自己のうちなる不変の核心に連動するという発想は、初期近代の内部指向の人間像を想定したものにほかならず、そのような形で倫理を語ることが難しくなったという事実に向き合うことの方が重要であるということになるだろう。

ではこのようなエリクソンとリースマンとの対比は、日本の若者のアイデンティティを考える上でどのような意味を持つのだろうか。次節ではその点について考えてみよう。

## 4　統合と多元化との緊張関係

### エリクソンとリースマンとのねじれた関係

1節で触れたように本書は、アイデンティティの「消滅し、崩壊し」ているその様相を過去の残像との対比において描き出すことを目的としている。そのような論述の方針と照らし合わせるなら、一方においてエリクソンの統合的アイデンティティは過去の残像に、他方においてリースマンの外部志向＝多元的自己はアイデンティティの消滅と崩壊に、それぞれある意味で対応しているとみることができそうである。だが、こと日本の若者についていえば事態はそれほど単純ではない。

このことは次のように問うてみればすぐにわかる。

第一に、エリクソンのいう統合型のアイデンティティがそもそも日本において標準的なあり方であったことがあるのだろうか。例えば文芸評論家の江藤淳が批評を通して論じたように、それは日本の標準的なあり方とはかけ離れたものではなかったか（江藤［1967→1993］）。「何か」が「消滅し、崩壊し」た結果として多元的自己が顕在化してきたのだとしても、その「何か」はエリクソン型のアイデンティティではないのではないか。

同じことになるが、第二に、リースマンのいう内部志向が日本において社会的性格であったことがあるのだろうか。リースマンの主著『孤独な群衆』が邦訳されたとき、彼のいう「他人指向」の記述が日本社会の文化的固有性によく似ていると感じた読者が数多くいたという。多元的自己があたかもそれに先立つ「内部指向」を経ることなくすでに日本にはあったかのような感覚を少なからぬ人々が持っていたということだ。

だとするとこう考えるべきではないか。

日本においてもある時期に多元的自己が顕在化してくるのだが、それは、統合的アイデンティティから多元的自己へという変化ではない。多元的自己に対比されるような統合的な自己のあり方は、かつても現在もいわば理想／理念として思い描かれたものであったのだ、と。自己の多元化が多くの人に目につくようになるにつれて、この理想／理念は「あるべき姿」「本来の姿」「自然の姿」を指し示すものとしてよりいっそうの現実味を得たと考えられる。

つまり統合的アイデンティティと多元的自己とは異なった時期に属する二種類の実態というよりは、同じ時期に並存する理想と実態とでもいうべき関係にある。とりわけ1980年代の後半以降に自己の多元化が顕在化するにつれて二つの間の緊張関係はいっそう強まったといってよい。多元的自己を過去の残像とともに描き出す、とはじめに書いたのは、つまりこのような緊張関係を念頭においてのことである。

ところで次のように問いたくなる人もいるかもしれない。もし、統合的なアイデンティティから多元的な自己へという変化が起こらなかったのであれば、多元性が顕在化する前の自己はどのようなあり方をしていたのだろうか。あるいは日本社会にあっては、はるか昔から自己は多元的であったのだろうか、と。この点についてはあとの議論で触れることになるが、要点だけいえば、人が所属する様々な関係の間の重なり具合が変化したのである。

アメリカの社会学者メアリ・ブリントンは、1990年代以降、日本の若者のおかれた困難な状況を「場」の喪失と表現している（Brinton［2008］）。例えば学校という「場」から職「場」へと皆が一斉に移動するという仕組みを日本は高度成長期を通して作り上げてきた。一人の人間が持つ重要な関係がこの「場」にかなりの程度まで包摂され、この「場」において各人の持つ人間関係が重なり合っているような場合には、それぞれの関係において見せている顔の間に齟齬は生じにくい。

より正確にいえば、このような場にあっても人は相手によって振る舞い方を変えるであろう。敬語のような約束事はそのわかりやすい例だ。だが、つきあいの範囲や誰の前でどのような振る舞い方をするのかがお互いに了解可能であれば、見せている顔の間の食い違いはあまり問題にならない。もちろんときには「裏表のある人間」といったようなかげ口の標的になる場合もあるだろうが。重要なことは、そのような場合でさえ、「裏表のある」ということ自体が周囲の多くの人々にとって了解されているということだ。「場」が可能にする相互了解の中では、それさえも彼あるいは彼女の「アイデンティティ」の一部として受け止められるのである。

場の喪失という言葉でブリントンが論じようとしたのは、教育（学校という「場」）から労働（職「場」）へのなめらかな移動が失われた結果、多くの若者が不安定で劣悪な労働環境にこぼれ落ちていくようになったということであった。だが、ここで注目したいのは「場」の喪失がもたらす別の効果だ。すなわち、「場」が個々人の取り結ぶ人間関係を包摂することができなくなり、それら諸関係の間の見通しが悪くなっていく。ある個人が一つの関係において見せている顔が、別の関係の方からは見えなくなってしまうということである。その結果、例えば「裏表がある」という言い方自体ができなくなっていく。「裏」と「表」とが分離してしまい、それらをつき合わせる視点が成り立たなくなるからだ。

ともあれここで確認しておきたいのは、統合的アイデンティティと多元的自己との間にねじれた関係が潜在しているということだ。このねじれは、自己のうちに独特の緊張関係として姿を現す。

## 二つの再帰性

理想と実態との間の緊張関係は例えば次のような形で現れてくる。

一方において、これまで統合されたアイデンティティの象徴であると思われた様々な事柄のうちに、外部指向が入り込んでくる。例えば、文学がそうだ。アイデンティティの統合を目指す運動がいわゆる近代的な自己の典型的イメージの土台にあるとすると、そのような運動を特定の形で表現する分野として近代文学がある。だが、例えば文学フリマ（文学系同人誌の即売会）というイベントなどが示唆しているのは、文学が内面の表現であるというよりも、他人とのコミュニケーションの一部になっているのではないかということだ。ずいぶん前から定番のジョークとして耳にするようになった「純文学の雑誌の売上数よりも、各種文学賞への応募数の方が多い」という事態も、もしそれがほんとうのことだとすれば、表現からコミュニケーションへという文学それ自体の変化の一端を示すものであるように思われる。

若者がフリマを好むのは、彼らが利害や損得よりも他人とのコミュニケーション自体が持つ楽しさに指向しているからだと三浦展は指摘している（三浦［2001］）。そこではモノの売買自体は、極端な言い方をすれば口実に過ぎない。文学「フリマ」にもそのような楽しさがあるのだろう。そしてそれはときに「創作」や「表現」それ自体の楽しさを凌駕《りょうが》しさえするかもしれない。

自己が多元化していく実際の過程は、おそらく、このように具体的な人々との関係をそれ自体として享受する経験の積み重ねを通して進んでいく。このような「楽しみ」の浸透は、自我の統合を理想とする価値観や生活様式を掘り崩していくであろう。

だが他方において、統合された自己があることを前提にそれについて問いかけ、働きかけるよう促す働きも今日の社会においては強まっている。例えば就職活動に際して多くの若者が取り組む「自己分析」がそれだ。自分の人生を振り返り、自分のやりたいこと、強みや弱み等、要するに自分は何者なのかと問い、その自分に働きかけることによって就職活動に最適な自分を作り出すこと。それが自己分析である。

このような営みに向けて促されるのは何も就職活動中の学生だけではない。社会学者の牧野智和が「自己啓発の時代」と呼んだように、今日の日本にあっては誰もが自己について問い、自己に対して働きかけるようにという促し、誘惑、あるいは強制にたえずさらされている（牧野［2012］）。

自己はその多元性をあらわにしていくとともにこのような統合に向けて人々を動かしていこうとする流れにも巻き込まれているのである。

具体的な諸関係の享受に準拠する拡散と自己啓発的な統合。このような二つの方向性の間にある緊張関係は、社会学的な自己論のあるキーワードにも微妙な影を落としている。

そのキーワードとは再帰性（reflexivity）である。(5) 再帰性とは、人や集団あるいは制度などが自らのあり方を振り返り、必要に応じて修正していくことである。近代社会とはこのような振り返りと自己修正の営みによって特徴づけられる。だが、多くの社会学者のみるところでは、このような営みが一定の閾値《いきち》を超えて徹底されると、「近代」という言葉の古典的なイメージに反するような現象がそこかしこに現れてくるという。彼らはこれを（近代の終焉ではなく）近代の新しい段階と考え、「第二の近代」「再帰的近代」「流体的近代」などと表現している。

例えばそのような社会学者の一人であるアンソニー・ギデンズは、近代社会のこのような段階に固有の自己のあり方を「再帰的プロジェクトとしての自己」と呼んでいる。これは、自己が社会から与えられた位置によって定義される静的で固定的なものから、たえず自分自身を吟味し、作り直していく動的で流体的なものに変わったことを言い表そうとするものだ。だが自己の再帰性には二つの異なる方向性が必ずしも整合的ではない形で混在しているように思われる。

一方において再帰性は、様々な他人とのやりとりを通して自己を振り返るという営みである。このような意味での再帰性の徹底化は、他人との関係への敏感さという形で現れてくるであろう。例えば携帯電話によるメールやソーシャルネットワークサービスの利用をそのような敏感さの具体的な例として考えてみることができる。社会学者の羽渕一代は、携帯メールに注目して、それが再帰性を加速させる仕組みとして機能していると論じている（Habuchi［2005］）。そこでいう再帰性の加速とは、携帯メールで24時間いつでも他人と連絡が取れるがゆえに、他人の反応への敏感さが上昇していくという過程を意味している。

このような敏感さは、個々の具体的な他人に対するものであるから、ネット上で関わり合う他人の種類や数が増えれば増えるほど、それぞれの相手に対して最適化された「顔」を分化させていくであろう。ここで注意すべきは、それらの顔が偽物であったり「仮面」であったりするわけでは必ずしもないということだ。むしろそれぞれの相手に対する誠実さの現れとしてその都度の素顔が生み出されるというべきである。実際、多くの場合、仮面をつけるよりも素顔でいた方が他人との関係を心から楽しめるというものだ。

だが他方において再帰性は、自分自身のあり方を自らの目で再検討するという営みでもある。このような営みの徹底化は、自分自身の人生をつねに自伝作家のような目で眺める態度を生み出すであろう。例えば社会学者の小林多寿子は1990年代以降に増えたといわれる自分史を書く人々について社会学的に検討しているが（小林［1997］）、彼らに見られるのも自分を自分自身の目で振り返るという意味での再帰性であるように思われる。

このような意味での再帰性は、人々の自己を「一冊の自伝」のようなものにしていく、とギデンズはいう（Giddens［1991=2005］）。それはたえざる改訂に開かれてはいるが、とにかく一冊のまとまりとして持続する何かである。このような再帰性の高まりの中で、自己は多元化するどころか、振り返りの結果としていっそうのまとまりを得ることになるとギデンズは考えるのである。

同じ再帰性という言葉を使っていても両者の力点の置き方はだいぶ異なり、ときには対立しさえする。例えば、先ほどの携帯メールの場合でいえば、相手からのメッセージに対して即座に反応するのが一つ目の意味での再帰性である。が、二つ目の意味での再帰性にあっては自己吟味の時間をとられるので即座の返信は難しくなるだろう。一つ目の再帰性にとって即座に返信しないのは鈍感なことであり、再帰性に欠ける振る舞い方と見なされるが、二つ目の再帰性にとってはじっくり吟味することなしにうかつな返信をしてしまうことこそ思慮の足りない、再帰性を欠いた振る舞いとなる。

社会学者の鈴木謙介は、再帰性という用語に込められたこの二つの側面を区別し、それぞれ若者の自己の躁（カーニヴァル）状態とうつ状態とに対応するものと読み替えた（鈴木［2005］）。今日の若者は、自分自身に向き合うときの抑うつ的な状態と、他人とのコミュニケーションの快楽で盛り上がるカーニヴァル状態とを行き来していると鈴木は見る。

再帰性の中に見られるこのような齟齬も、統合的なアイデンティティと多元化する自己との間の緊張関係の一つの現れである。

ここまでの議論の中ですでに示唆してきたことであるが、本書は、この30年間のアイデンティティの変化を自己の多元化として描き出そうとするものだ。先に引用した通り、それはすでにリースマンによって消費社会的な自己のあり方の一局面として指摘されていたことだ。しかし、日本において多元化が注目を集めるのは１９９０年代後半以降のことである。そしてそれは、近年、例えば平野啓一郎のような作家によって洗練された形で定式化されるにいたった（平野［2012］）。すなわち自己とは統合され一貫した存在であるというよりは、やりとりする相手に応じて異なった顔を見せ、しかもそれらの顔がいずれもそれなりにほんとうの自分であるようなそういう存在である、というのである。彼はこうしたあり方を「分人」と呼び、統合性や一貫性によって特徴付けられる「個人」と対比してみせている。個人がそれ以上分割できないもの individual であるのに対して、分人は関係ごとに分割しうるもの dividual なのである。

本書の問いは、リースマンと平野との間にある距離に関わっている。すなわち、リースマンのいかにも社会学者的な指摘から、作家の手によって鮮やかに定式化され、多くの人々の注目を集めた「分人」の提示にいたる変化はどのようなものであったのかということだ。

平野が指摘する通り（あるいは社会学者が繰り返し説いてきたように）、自己とは様々な他人との関係の中ではじめて成り立つ。他者という鏡なくして自己は存在し得ない。したがって関係の相手や関係の内容が変化すれば、自己も変化せざるを得ない。その意味では、自己はその成り立ちの根本において「分人」的なのである。だが、だからこそこう問いたくはならないだろうか。それではなぜ人は長い間それを分人として扱ってはこなかったのか。そしてなぜ今日に至ってそれを分人とみなすようになったのか、と。

本書を通して描き出してみたいのはこの変化の道筋である。

## 注

（1）バウマンはまったく同じことを「コミュニティ」という概念についても述べている（Bauman［2001=2008］）。アイデンティティがコミュニティと表裏一体の関係にあるというバウマンの考え方を踏まえれば当然のことといえるだろう。

（2）実際、新しいメディアが登場するたびバッシングとでもいうべき現象が起こり、そのメディアが定着するにつれてバッシングが収束するというパタンが歴史上、繰り返されてきた。そのパタンの見取り図については荻上［2009］を参照。

（3）厳密にいえば、「自己 self」と「自我 ego」という二つの用語をエリクソンは区別して用いている。前者は自分自身に関する断片的な諸イメージについて語る際に、後者はそれらの諸断片が「首尾一貫した、独特の統一体」を構成する際に用いられる。

（4）ちなみに良し悪しを論じるという点でいえば、リースマンは多元化するアイデンティティに対して全面的に肯定的であるわけではない。むしろ『孤独な群衆』を通して、その論調は一貫して悲観的である。にもかかわらず彼はそれを人間の本質に反するものというようには捉えなかった。

（5）反省性や内省性と訳されることもあるが原語はおおむね reflexivity である。

# 第2章

# それは消費から始まった

## 1　消費とアイデンティティ

人々が自分自身のアイデンティティを対象化し、それに働きかけるそのやり方が消費社会化の進行とともに変わっていく、という話から始めよう。この変化を誰よりも敏感に感じ取り、明確に言葉にした著作家の一人に田中康夫がいる。消費社会とアイデンティティの関わりについて考える際に、必ずといってよいほど引用される彼の言葉をここでも紹介しておくことにしよう。

どういったブランドの洋服を着て、どういったレコードを聴き、どういったお店に、どういった車に乗って出かけているかで、その人物が、どういったタイプの人物かを、今の若者は判断することが出来るのです。人は、年齢に関係なく、みな、そうした他の力を借りて、自分自身を証明しているのです。（田中［1985:220］）

田中は、大学生であった1980年に小説『なんとなく、クリスタル』で文藝賞を受賞し、当時の若者の風俗を鋭く描き出す若手作家として華々しくデビューした。引用したのは、このデビュー作が文庫本に収められた際に田中自身によってつけられたあとがきの一部である。

田中を一つの象徴とする1980年代とはどのような時代だったのだろうか。

1985年のプラザ合意以降の急激な円高を経て、中曽根内閣による低金利政策や内需拡大によって地価・株価の急騰などが引き起こされる。この、いわゆるバブル景気が1980年代を思い起こすときの一つのシンボルとなっている。だが、バブル景気の到来を待つまでもなく、第二次石油ショックが暗い影を落としていた1980年代の前半においてさえすでに田中の小説に象徴されるような消費社会の風景が日本のそこかしこに広がりつつあった。

引用した一節からは消費社会を生きる人々のアイデンティティ感覚について二つの特徴を読み取ることができる。一つは、文字通り何を消費するかによってその人が何者であるのかが示される、ということだ。しかしここで注目すべきはもう一つのこと、すなわち、そもそもアイデンティティとは、人が自ら行動することによって、作り上げたり、示したり、「証明」したりできるものであり、またすべきものであるという感覚がすでに前提となっているということだ。〈消費こそがアイデンティティを証明する手段である〉というメッセージがこの文章の「図」だとすると、その「地」をなしているのは〈アイデンティティとは人の手によって構成され、証明されるべきものである〉というメッセージである。消費社会的なアイデンティティはこの図と地の組み合わせとして立ち上がった。

メディアで流通してきた1980年代の風景は、しばしばこの図の部分で展開される華やかな商品たちの織りなすものであった。若者たちは自分の存在を証明しようと、この華やかな風景に向かって殺到した。実際、当時の渋谷を論じながら社会学者の吉見俊哉は、それを若者にとっての舞台と見立てて分析して見せた（吉見［1987→2008］）。この舞台の上を行き交う人々は互いの視線をオーディエンスとして自分たちの姿をそこに映し出すのである。

もちろんこの華やかさが独特の残酷さをともなうものであったこともたしかだ。例えば、1980年代のギャグ漫画ブームを牽引した作家の一人、相原コージが執拗に描き出したのもそのような残酷さであった。彼が描き出す青年は、何とかおしゃれな生活に参加しようとして、例えばおしゃれな店におしゃれな服を買いにいくのだが、そこで客によってくる店員さん（ちなみにハウスマヌカンなどと当時呼ばれていた）のあまりのおしゃれぶりに、自分がバカにされているのではないかという劣等感や不安に打ちのめされて、必要のないものを買わされたり、あるいはそもそも店に足を踏み入れられなかったりする。このようなシーンがギャグ漫画の定番の位置を占めていたという事実が示唆しているのは、舞台の上で展開されるおしゃれな光景の背後に、あるいはその下に、舞台に上がりたくても上がれなかった多くの人々の屈折した思いが鬱積していたのではないかということだ。

この種の酷薄さを社会学的にあっけらかんと分析して見せたのが宮台真司だ（宮台［1994→2006］）。彼の見るところ、1980年代というのは、コミュニケーションスキルの高いものを「新人類」へ、それ以外のものをいわゆる「オタク」へと振り分ける選抜の時代であった。メディアの描き出す華やかな消費社会としての1980年代が選抜に勝ち残った人々の側の世界像であったとすれば、相原のギャグは勝ち残れなかった人々の側から見た80年代であったといえよう。

もっとも「80年代は」という語り口はやや粗雑に過ぎるのかもしれない。例えば毛利嘉孝は、おしゃれで華やかな80年代後半と対比しながら、80年代前半をもっと猥雑でごった煮あるいはカオスのようなものとして捉えている(1)（毛利［2009］）。しかし、いずれにせよ、渋谷の街の変貌を一つの象徴とするこの時期の若者文化の変容は、表側のきらびやかさと裏側の鬱屈とが対になりながら進んでいったといってよいだろう。

1980年代型の消費ゲームがどのようにして終わったのかということについてはすでに様々な角度から論じられている。例えば北田暁大は、森川嘉一郎の秋葉原論をも意識しつつ、渋谷が舞台としての街から細分化された様々な趣味についての情報の集積地、いわばデータベースへとその性格を変えつつあるのだという（北田［2002→2011］）。若者がそこにやってきて各々の趣味のよさを演じ合う舞台はもはやそこにはない。そういった一つの舞台を共有した上での演じ合いのゲームは、バブル景気の終焉がはっきりするにつれて終わりを迎えた。しかし、ここで確認しておきたいのは、そのような80年代的消費社会とでもいうべきゲームの終焉は、あくまでも図の水準における変化であり、地の部分に起こっていた変化を打ち消しはしなかったということだ。

もちろん消費によって自己を提示したり、自分に向けて確認したり証明したりといった作法がすっかりなくなってしまうというわけではない。相変わらず自分というものの拠り所を特定の商品の消費に求める若者は多くいるだろう。またそもそも消費の重要性が落ちるというわけでもない。若者の消費離れが叫ばれているにもかかわらず、むしろ様々な行為が消費になぞらえられるようになるのは１９９０年代に入ってからのことだ。彼らが――いやひょっとすると彼らの親でさえ――小さいときからなじんできた消費者としての作法は、教育や政治など、それまでは消費になじまないと感じられてきた領域にまであふれだしていくことになる。例えば、内閣の支持率を考えてみればよい。できの悪い政治家を選んだという自らの不明に思いを致すことなく、不良品を返品する消費者の態度で彼らは支持を取り下げるのである。

しかしそれでも基本的な光景は一変したといってよい。アイデンティティを提示し合い、競い合う大きな舞台はもはや存在しない。むしろ彼らのアイデンティティは自らの所属するコミュニティの中でのつながりによってこそ保たれているようにみえる。それが趣味のコミュニティであれ、いわゆる「地元」あるいは「ジモト」（鈴木［2008］）であれ。

このように書いているときに思い出されるのは例えば次のような学生の姿だ。彼は、大学内のある重要な面接に遅刻する旨を携帯で私たちに連絡してきたのだが、遅刻の理由を尋ねると、お金がなくて電車に乗れないため歩いてくるのだという。私たちが不思議に思ったのは、彼が携帯電話の料金は支払い続けているのに、なぜ交通費がなくなってしまったのかという点だ。しかし、その携帯電話こそが彼のアイデンティティの命綱だと考えれば、それは何の不思議もないありふれた光景となるのである。

## 2　消費社会論の時代

　やや話が先走り過ぎたので、ここでもう一度80年代に戻ろう。この時代を理解する上で鍵になるのが「消費社会論」だ。これは二重の意味で鍵となる。第一に、当時の社会が消費社会として理解可能な様々な特徴を持っていたということ。第二に、当時の社会を生きていた人々自身が、自らの生きている社会を消費社会として理解し、そのことによって自分たちの行動を方向づけていたということである。

　つまり、消費社会論とは研究者がある社会を理解するための枠組であると同時に、あるいはそれ以上に、その社会を生きる人々がそれを参照しながら自分たちの振る舞い方を調整していく準拠枠でもあった。前章でも参照した社会学者のギデンズがしばしば用いる言葉に「二重の解釈学」というものがある。ある概念なり命題なり理論なりが、研究者によって用いられるのみならずその研究者が対象とする人々そのものによって用いられているという事態を指す言葉であるのだが、消費社会論はまさにその好例であるといえよう。

　前章で紹介したリースマンは、1950年代のアメリカで世界史上はじめて大規模に展開された消費社会をまのあたりにし、その衝撃を理論的な言語で表現することによって『孤独な群衆』を書き上げたのであった。この著作の中で彼が消費社会における典型的な社会的性格を「他人指向」として描き出しているのは前章で見たとおりである。この他人指向の振る舞い方の特徴の一つとしてリースマンが強調しているのが、パーソナリティの限界差異化なるものであった。これは、基本的には似ている者同士がしかしほんの少しだけ違いを示すことによって自分の個性を提示するという振る舞い方である。消費社会とは、他者との間の微小な差異を通して自分自身の意味や価値を確認するような人々を大量に生み出すのだとリースマンは考えたわけだ。

この観察は、１９８０年代に消費社会論のある種の典型として盛んに引用されたフランスの社会学者ジャン・ボードリヤールに引き継がれたと見ることができる（Baudrillard［1970=1979］）。ボードリヤールにとって人々のアイデンティティとは、例えば自動車を購入するときに提供される驚くほど細かいカスタマイゼーションによって提示され、確認され、実感されるものである。商品とは、ここでは記号的な差異を示すための媒体となっている。というよりもこういうべきだろう。商品が独自の記号体系を構成し、その中でアイデンティティが互いの差異において示されるような社会、それが消費社会なのだ、と。

ここで商品が独自の記号体系を構成するということの含意をもう少し説明する必要があるかもしれない。そのためにはボードリヤールが仮想敵として取り上げたアメリカの経済学者ケネス・ガルブレイスの議論を補助線にするのがよい。ガルブレイスの考えでは、商品とは本来人の持つ自然な欲望を充足するために供給されるものである。ところが大衆消費社会においては、企業の広告戦略などによってこの自然な水準を超えて欲望がかきたてられ、人々は本来必要のないものまでも争って買うようになってしまったのだという。ガルブレイスはこれを「依存効果」と呼び、厳しく批判している。

このような議論に対するボードリヤールの批判は、そこで想定されている自然／過剰という区別に向けられる。消費社会とは、ボードリヤールによれば、そのような区別が根本的に意味を失っていく社会なのである。なぜなら消費社会における商品とは、自然な欲求を充足するためのものである以上に、商品同士が互いの差異の中で生み出す記号的な価値においてこそ消費されるものであるからだ。そのような商品の世界においては「自然」でさえ一つの記号として他の記号と等価に並ぶものとなる（「ナチュラルメーク」「南アルプス天然水」）。ガルブレイスの想定している商品が、自然な欲望を充足するいわば「機能」としての商品であるのに対して、消費社会における商品は、様々な差異を生み出す「記号」としての商品なのである。

機能としての商品から記号としての商品への移行は、例えば１９７０年代の日本で豊かさを象徴する定番商品が消失してしまったという事実にも反映している。「三種の神器」や「３Ｃ」といった誰にとってもあこがれの対象となり得た商品は、いずれもわかりやすい「自然な」欲望の充足を呼びかけるものであった。しかしそのような商品は１９７０年代の前半にはほぼ普及し尽くしてしまい、以後、競争の主戦場は価格や機能ではなく、イメージの差異化や個性化に移っていくのである。

先ほど自動車のカスタマイゼーションの例をあげたが、まさにこの自動車という商品こそがこのような変化を最も象徴的にあらわす歴史的な事例であると論じたのが社会学者の内田隆三である（内田［1987］）。

規格を統一し、大量生産によって安価な自動車を提供してきたフォードが、後発のＧＭに追い抜かれたのは１９２７年のことであった。ＧＭは、自動車という商品の価値をデザインへと移し、頻繁なモデルチェンジによって消費者の購買意欲をかきたてるという戦略をとった。この戦略はさらにより新しい車へと人々の欲望を駆り立てる広告とローンシステムとを含み込む包括的なものであり、まさにガルブレイスが批判していたような商法そのものである。だが、１９５０年代以降、主流となるのはむしろＧＭ的なものなのである（もっともさらに歴史を下って２００８年以降の両社の状況を考えると歴史の皮肉を感じさせられるのだが）。

機能から記号への変化は、商品を人々に差し出すときのメッセージ、すなわち広告の変化に最も明確に刻印されている。多くの広告研究が示すように、日本についていえば、１９６０年代まで主流をなしていた機能をアピールする商品広告は徐々に姿を消し、消費者のアイデンティティに照準してイメージを提供するものへと変わっていった（吉見［1994］）。例えばボードリヤールがあげるメルセデス・ベンツの広告の例はまさにそのようなものであった。

> どんなに要求の多い女性でも、メルセデス・ベンツがあれば個性的な好みと欲望をきっと満足させられるにちがいありません！　シートの皮の色や車体の色から、ホイール、スタンダードあるいはオプショナル仕様の数多くの便利な装置にいたるまでの付属品のすべてが彼女を満足させるでしょう。（中略）ベンツを選んだあなたの趣味のよさに奥様がうっとりするのを見て、あなたは誇らしく思うはずです。お好みによって七六色六九七種類の

内装のベンツのなかから、あなたのベンツをお選びください……（Baudrillard［1970=1979: 110］）

自分らしさや個性（「あなたのベンツ」）といったものは、十分に差異化され、個人化された商品を消費することによって達成されるものである。この広告が暗に伝えようとしているのはそのようなことであろう。

ここでもう一つ注意しておくべきは、自分らしさにせよ、個性にせよ、あるいは「ほんとうの自分」にせよ、それらが一つ一つの商品において個別に、完結した形で実現されるわけではない、という点だ。そうではなく、生活において消費される諸々の商品の連鎖が、総体としてその人の人となりを表現する、あるいはそう信じられ、感じられている。差異化した商品は、ボードリヤールがいうように差異の体系をなしており、その体系が一人一人の生活に意味や物語を与えるのである。消費社会とはその意味で、差異の体系としての商品を消費することを通して、物語を消費する社会であるということもできよう（宮台［1994→2006］）。

## 3 消費社会化とアイデンティティの変容

そうしてみると消費社会とはつまるところ、商品の重心が「自然な」欲求の充足という機能から、他者とのコミュニケーションを媒介する記号へと移っていく社会のことであるといえそうだ。この変化は、自己のあり方にも影響を及ぼさずにはいない。

しかし最初に確認しておきたいのは、少し違うことだ。すなわち消費は、自分を作ったり、表現したり、確認したりするための唯一のあるいは特権的な手段であるわけではないということに注目しておきたいのである。例えば、規格化された商品を消費するよりも、自分自身の手作りのものを使う方がよほど自分らしいし、個性的ではないだろうか。ほんとうの自分を探したり、個性的な自分を演出したりするなら、何も画一的な商品を購入するのではなく、ほんとうに自分らしいものを自分の手で作ればよいのではないか。

そんなことは非現実だと思われるだろうか。しかし、かつては様々なものが手作りされていたのである。例えば1960年代に若い女性向けに出版されていた『ヤングレディ』という雑誌においてはグラビアに掲載された服装の型紙が付録としてついていた。型紙を用いて自ら作った服を着ているとき当時の若い女性たちが自分らしさや個性、「ほんとうの自分」などといったものを実感していたかどうかはわからないが、ただ、「手作り」という方法がアイデンティティと結びついてもおかしくはなかった。上野千鶴子が指摘したように、そのような結びつきよりも既製服の消費とアイデンティティとの結びつきの方を打ち出した点で『ａｎａｎ』は画期的だったのである（上野［1987→1992］）。

『ａｎａｎ』の創刊は1970年のことであり、上野千鶴子はそこに消費社会の到来をみたわけだが、全体として見れば1970年代はまだまだ若者文化は消費社会化されてはいなかった。

例えば、社会学者の塩原勉は1970年の時点で青年のあり方を振り返り、それが担ってきた要素を三つに整理している（塩原［1971］）。一つは、労働の担い手としての青年。もう一つが政治の担い手としての青年。この二つが1960年代までの青年を理解する鍵であったとするなら、1960年代の終わりから目立つようになってきたのが、青年に独自の文化という三つ目の要素であり、あるいはそのような文化の担い手という青年のあり方である。

これをさらに2000年の時点から振り返った山田真茂留がはっきりと指摘しているように、ここでいう「若者文化」とは大人世代に対して自らを区別し、さらには大人に対する対抗を表明するための様式であった（山田［2000］）。もちろんここでいう「大人」とは茫漠としたイメージに過ぎないものであるが、そこには大きくいえば資本主義、小さくいえば商売根性のようなものが含まれていたことは間違いない。つまり若者の文化はこの時期にはまだ市場での売買に対する抵抗を示していたのである。

その限りにおいてこの時期の若者文化はどこか手作り的なものに価値を見出す心性を残存させていたように思われる。例えばコラムニストの堀井憲一郎は、著書『若者殺しの時代』の中で自分自身のクリスマスの思い出を振り返りながら次のようなことを書いている。1982年まで、クリスマスとはどちらかといえば手作り風のものであった。堀井は当時つきあっていた彼女の部屋で彼女の手作りの料理でその日をすごした。

このころはまだ何だって手作りだった。西洋料理を手作りで作ってクリスマスに彼女と食べたのだ。あとは葡萄酒と（赤玉ポートワインじゃないやつだ）、それからファンシーな店で買ったプレゼントを用意して、クリスマスを過ごした。いまからおもうと、子供用のクリスマスからどうやったら若者用のクリスマスになるのか、いろいろと自分たちで工夫していたのだ。とりあえず手作りになってしまう。（堀井［2006:39-40］）

クリスマスに限らず、様々なプレゼントがこの時期には手作りであった。例えば手編みのマフラーやセーター。電車の中で編み物をする若い女性の姿はかつては冬の風物詩であったが、1980年代以降姿を消していく。「あれは昭和とともに消えてしまった風景だったのだ」と堀井は感慨を漏らす（堀井［2006:41-42］）。

このような手作りの時代に決定的な終止符を打ち「世界を転換させた」のは、堀井によれば、1983年の『anan』のクリスマス特集号であった。ライバル誌である『ノンノ』が相変わらず手作りのプレゼントをすすめているのを尻目に、この特集で『anan』はクリスマスにシティホテルに泊まろうと呼びかけていた。シティホテルでイブをすごし、クリスマスの朝には彼とルームサービスで朝食をとろう、というわけだ。かくして1983年、若者は消費社会への曲がり角を大きく曲がっていった。そう堀井はいう。

この曲がり角は、ボードリヤールの言い方を借りれば、資本が需要を自ら作り出すような段階に達したことに対応しているのであろう。「自然に」存在する需要に対して商品を供給するのではなく、生産された商品に対応する欲望をマーケティングや広告によってあとから生み出していくような、そういうタイプの資本主義がこの時期に前景化していくのである。

この時期以降の資本主義は、自らに抵抗するものさえも自身を駆動する動力に変える貪欲さを発揮する。堀井が感慨深く振り返った「手作り」でさえも、バレンタインの手作りチョコを思い起こしてもらえればわかるとおり、商品化への圧力を免れない。この圧力の中で、山田が指摘するように、かつての若者文化は大人世代への対抗という意味を失い、それだけではなく大人もともに楽しむ商品へと変容することによって世代間を区切るという意味合いさえなくしていくのである（山田［2000］）。

もちろんそんなクリスマスを送る若者など実際にはごくごく少数だったと批判することもできる。事実、少数の若者にしかできないことだからこそあこがれの対象になったという側面もあるだろう。また、評論家の三浦展が、上野千鶴子との対談で、80年代型消費社会を仕掛けた側から指摘しているように、マーケッターの語る80年代像をあまりにも額面通りに受け取ると、現実を捉え損ねるという危険性もある（上野・三浦［2007］）。しかし、重要なのは、そのようなマーケッター的な仕掛けによって構成された信憑性は、たとえ虚構であったとしても強力な現実的効果を持っていたということである。多くの若者が、他の若者たちはキラキラしたクリスマスを送っているのだろうという信憑を持つことによって、自分もそれに少しでも近づこうとする。その努力の結果が現実を動かしていった。虚構であるということは、それが無力であることを意味しない。むしろそれは現実的な拘束力を発揮する虚構であったというべきだろう。

ついでにもう一点、堀井の議論に即して注意しておいた方がよいことがある。彼は、198

3年の曲がり角についてこう書いている。

女子が先に曲がった。それを追いかけて、僕たち男子も曲がっていった。（堀井［2006:48］）

若者文化の消費社会化に向けて最初に大きく舵を切ったのは女性であった。そういう実感がここで語られている。(2) その背景には、当時の女性が生産の領域から排除されていた反面、消費の領域では能動性を発揮する余地を与えられていたという事情があろう。

例えば内田隆三は、非近代社会において生産の単位であった「イエ」が、消費を担う単位である「家庭」へと再編成されていく過程を消費社会化の重要な要素と考えた（内田［1993］）。さらにその家庭の中でも特に消費を担当するのが女性であり、男性は家庭の外へ出ていって賃金を得る役割が期待されるようになる。いわゆる性別役割分業である。

結果として、消費のいわば前線には女性がおかれることになり、消費行為の持つ意味合いが重要になっていくのにつれて、それを担う限りにおける女性の意味づけも重くなっていった。1983年の曲がり角を「女子が先に曲がった」のだとしたら、その背景にはこのような性別役割分業があったと考えるべきだろう。いずれにせよこのジェンダー間の違いは、アイデンティティの構成と消費社会との関わりにも影響を与えずにはいまい。

だが、ここで再度確認しておきたいのは、自分らしさと80年代的な消費との結びつきが唯一必然のものではなかった、という点だ。1990年代以降の変化を考える上でこのことは重要な意味を持つ。実際、90年代に入ると、自分らしさ志向とでもいうべきこの心性は、消費の領域からあふれだし、学校教育から就職活動までを覆うようになっていく。さらに2000年代に入ってからは自分らしさ志向が取り上げられる――ほとんどの場合、揶揄《やゆ》したり批判したりする形で――文脈は、雇用や労働を中心にしたものとなっていく。自分らしさなどにこだわっていては就職などできないぞ、というわけだ。しかし、このような揶揄や批判を行なう人々がもし40代、50代であるなら、彼らは自分たちが80年代にどうであったのかをもう一度とくと考えてみる必要があろう。

さらにいえばあとに詳しく見ることになるオタクたちのように、消費を通して消費を踏み越えてしまう人々も出てくる。彼らは、自らが愛好するマンガ、アニメ、ゲームを、単に消費するだけではあきたらず、それを素材として新しい作品を生み出すようになる。いわゆる二次創作である。このような営みにおいては、大塚英志が早くから指摘していたように、消費者と生産者との境目はかぎりなく曖昧《あいまい》なものになっていく。彼らがその作品を同人誌として売るための市場は、1980年代以来着々と拡大してきており、その代表であるコミックマーケットには毎回数十万人が参加するまでになっている。上野千鶴子が、1980年代のはじめに、これまで学習という消費を続けてきた多くの女性たちが次に向かうのは自己表現であるはずだと予見した未来は、まさにこのような形で大規模に実現したといってよいだろう（上野［1987→1992］）。

これらのことを念頭においた上で、ここで問うてみたいのは次のことだ。いったい、いくつもある選択肢の中で、ほかでもない「消費」と「自分らしさ」が結びついたことは、自己やアイデンティティのあり方に対して、どのような効果を持っていたのだろうか、と。これを次に考えてみよう。

## 4　虚構化する自己

社会学者の見田宗介は、「現実」という言葉の反意語を考えることによって日本の戦後史を15年ずつ、三つの時期に区分できるのではないかと論じている（見田［1995］）。すなわち終戦の年1945年から1960年までは現実が理想をその反意語としていた時代、いわば理想の時代であった。同じように1960年から1975年までの15年は、夢の時代。1975年から1990年までが虚構の時代と呼ぶことができそうだと彼はいう。この議論を受けていえば、1980年代の「現実」は、「虚構」との対立において自らを意味づけるようなものへと変容していたということになろう。現実の重さは、それを包囲する、あるいはそれの裏側に張り付いた虚構によってこそ担保されるものとなる。

消費社会における自己の変容もまた、虚構による包囲や浸食を抜きにしては考えられない。自己は端的な所与としての現実というよりは、自らを浸食してくる虚構との対立においてある重みを獲得するようになっていくのである。自己の虚構化ときくと、「現実と虚構の区別がつかない若者たち」という紋切り型の表現を思い出す人もいるかもしれないが、ここでいいたいのはそのようなことではない。そうではなく、自己が選択と構成の対象であるという感覚が強まっていくこと、これを虚構化と呼びたいのである。

例えば前章でみたエリクソンにとって自己とは、あるコースをたどって発達していくのが自然であるような、あるいはそのように発達していくべきであるような何かであった。それは生物学的な成長にも似て、動かしようのない所与の現実である。だからこそそれが予定されたコースから外れたときには「病理」とみなされることになる。これに対して80年代に台頭する感覚は、自己とは自己自身の働きかけによっていかようにも変わるものであり、望ましいと思う自己のあり方を自ら選択すべきであるというものだ。いわば自己のＤＩＹ（Do it yourself）化である。

しかしＤＩＹがいうほど簡単なことではないように、自己のあり方を自ら選ぶことも、具体的に実行しようとなるとなかなか難しい営みであることがわかる。例えば、小熊英二は、今日の若者が抱えるアイデンティティの問題と同質の悩みを１９６０年代末の学生運動に見てとった（小熊［2009］）。運動に携わっていた若者はアイデンティティの問題を政治活動というやり方で処理しようとしていたともいえるわけだ。同じように１９７０年代に若者が文化の担い手になったと先に述べたが、それもまたアイデンティティ問題を処理する形式として様々なものが「若者文化」として試されたということだろう。だが、政治にしても文化にしても、それを手軽に道具として使うわけにはいくまい。それらはいわば使い手を選ぶものだ。

消費が重要な意味を持つのはここだ。消費は日常的に誰もが行なうことであり、なじみの深い営みである。政治運動ができない人、文化的実験ができない人はいても、消費ができない人というのは考えにくい。その消費が、自己の選択に結びついたとしたらどうなるか。

その効果をひとことでいえば敷居の大規模な低下であろう。自分を選ぶという営みが消費という形式をとることによって誰にでもできるようになる。これが80年代に起こったことなのである。あるいはこういってもよい。消費とこのような形で結びつくことではじめて自分らしさは多くの人々によって追求されるべきものへと昇格したのである、と。本章冒頭にかかげた田中康夫の引用をもう一度読み返してみてほしい。そこに描き出された光景は、自分らしさが商品化されて大衆化した後に広がったものなのである。

消費はそうしてみるとある種の触媒のようなものであった。自分らしさを手軽に追求するための手段を提供することによって、それを大衆的な問題へと押し上げる。それと同時に、自己というものについてのイメージを、「自然で所与のもの」というそれから「選択可能で自分で作り出すもの」というそれへと変化させていった。自己を選択・構成・加工の対象へと設定し直した点に消費という形式の効果はあった。そしていったんこのように設定された自己は、消費という営みを離れてもそのような対象であり続けるだろう。90年代以降の自分探しへの道はこのようにして敷かれたのである。

逆に、政治であれ文化であれ、このような消費の流儀を持ち込むことによって何でも自分探しのネタとして再構成することができる。いわば消費という行為の形式が、自分らしさ志向に駆動される形で他の領域へとあふれだしていくのである。例えば古市憲寿が描き出すピースボートの様子は、「護憲」といった政治的な対象でさえこの流儀に浸食されていることをよく示している（古市［2010］）。

もちろん消費もときとして人を選ぶ。特に消費社会が成熟するにつれて趣味のよい消費、趣味の悪い消費といった差異化のゲームは徐々に繊細なものになっていくであろう。このような繊細なゲームにおいて勝者であり続けるためには相応のセンスを含めた様々な資本を必要とするはずだ。

先に触れた相原コージのマンガの登場人物が敗者であるのはまさにこのようなゲームであろうし、彼らがやがてオタクと呼ばれる人々を形成することになるというのが宮台の見立てであるが、これはまた後の話にしよう。これらは、しかし、あくまでも消費という形式を通して自分らしさを追求することが一般化したことを前提にして浮上してくる事態だ。消費における差異化ゲームに先立って、そもそも消費による自分らしさ追求が一般化したということ、このことを確認しておく必要がある。

しかし80年代にあっても、いや80年代においてこそ、虚構に対立するものとして現実が相応の重みを持つのではなかったのか。自己もまた、先に見たような消費社会的な形式に抗して自らの現実性をそれなりの重みでもって沈着させるはずではないのか。この問いに対する答えは、イエスでありノーである。

イエスであるというのは、「自分らしさ」や「ほんとうの自分」というものへのあこがれはこの虚構化の中でこそ強められるものだからだ。先に触れた『ａｎａｎ』を例にとってみると、特定のスターや有名人を提示して「この人のようになろう」と煽《あお》る記事は１９８０年代から相対的に縮小し、それに代わって「個性」や「自分らしさ」といったものを追求することが推奨されるようになる。スターやその模倣が虚構だとすれば、それらを退けた後に残るはずのものへの欲望がそこには垣間見える。虚構の時代とは、むしろ、虚構をはぎとった「ほんとうの自分」への希求がこれまでになく切実なものになる時代であるということさえできるのである。

しかし他方で、先の問いに対する答えはノーでもある。なぜなら、その「自分らしさ」「ほんとうの自分」なるもの自体がある種の虚構として消費される商品になってしまうからだ。ほんとうの自分を切実な現実感覚とともにつかみ取ろうとする人々は、つねに自らの手にしたものが単なる虚構であることを発見して終わる。例えば、コンタクトレンズの広告が「眼鏡を外してほんとうの自分にもどろう」とささやく一方で眼鏡の広告は「この眼鏡で自分らしくなる」と煽る。こういった光景は１９８０年代の消費社会の中でごくありふれたものになっていく。結果、どのようなほんとうの自分もある種の虚構としてしか触れられないものであるという感覚もまた日常化する。

田中康夫について論じながら北田暁大は、そこに見られる「主体性」が極限まで希薄化したもの、いわば抹消線を引かれたものになっていると指摘している（北田［2005］）。北田が主体の再帰性の帰結として捉えたこの抹消線は、ここで見てきた自己の虚構化を別の角度から捉えたものだと理解しておくことができる。

整理しよう。消費と自分の結びつきは、以下のような四つの効果を持った。第一に、それは1960年代以来伏流してきたほんとうの自分、自分らしさという問題系に誰もがアクセスできる手軽な回路を与えた。第二に、その結果、自分というものが自分自身の選択と構成の結果であるという感覚が定着していった。第三に、ほんとうの自分、自分らしさというものが虚構に拮抗する現実の重さとして希求されるが、第四に、いかなる「ほんとうの自分」も結局はもう一つの虚構であるという感覚がそれとともに台頭する。

考えてみると、1990年代に入ってからの社会学的自己論は、1980年代に醸成されたこの感覚を理論的言語に翻訳することによって成り立っていたようにも思える。すなわち、自己とは社会的に構成されたものであり、また自己について語る物語として成り立つ、といった議論である。社会構成主義や社会構築主義と呼ばれることの多いこういった立場の自己論は、消費という触媒を得て一般化した自己の特定フォーマットを理論化したものだとみることができよう。宮台真司の言葉を借りれば、ここで社会学は自らが対象とする現実と共振してしまっていたわけだ。

自己が選択的なものであり、加工や介入の対象であるとすれば、それは動かしがたい一貫性と同一性を持つものとはいいにくくなっていくであろう。アイデンティティという言葉は、したがって、このような状況においてはますます使いにくい言葉となる。エリクソンは、アイデンティティとは無数の自己が統合された状態あるいはその統合過程のことであると論じたが、

1980年代の消費社会はこの無数の自己を統合から自由にしたといってよい。モラトリアムはアイデンティティ確立までという限定つきの実験期間だったが、消費社会は実験状態をこそ定常化した。一人の人間が様々な自己を実験的にまとうことができるこの状態はやがて、自己の多元性へと展開していく。

ほんとうの自分、自分らしさといった問題系が消費という触媒を得て大衆化された後、いったい何が起こるのか、どのような経過を経て2010年代の状況に至るのか。その道筋を後続する章への予告編として概観しておこう。

第一に、触媒としての消費を存分に活用しながらも、自分らしさ志向はやがて消費の領域を超えて他の領域へとあふれだしていく。まずは「個性尊重」の名の下に学校教育の中へ。そして「やりたいこと」志向へと形を変えながら職業労働の領域へ。1990年代以降に進展した経済のグローバル化や日本での景気後退とあいまってこの「あふれだし」は社会経済的な格差の問題と結びついて主題化されることになった。

第二に、自己を選択するという問題が前景化すると同時に、その選択の準拠点としての対人関係やコミュニケーションの重要性が急上昇していく。「コミュニケーション不全症候群」としてのオタクから「非コミュ」としての「引きこもり」「ニート」、あるいは企業が求める資質としての「人間力」「コミュニケーション力」「コア・コンピタンス」まで。様々な領域で対人関係をこなしていく能力の重要性が叫ばれるようになる。

第三に、対人関係への敏感さが上昇するにつれて、その都度選択的に構成される様々な自己の間の齟齬が徐々に大きくなっていく。一人の人間の中の多元性が次第に目につきやすくなっていくわけだ。例えば、ある時期から日常語として用いられるようになった「キャラ」という言葉は、このような多元的自己の個々の部分的な人格を指し示すものと理解することができる。

第四に、関係に応じて異なった自分を選択するという作法は、しかし、ほんとうの自分や自分らしさへの希求とは相容れない部分を持つようにも思われる。関係によって規定される自己と自分の内側にあるはずの「かけがえのない」「個性」としての自己との間の矛盾が堪え難いものになってきたときにそれを緩和するためにいくつかの戦略が開発されることになるだろう。

次章ではまず自分探しがどのように学校教育や職業選択へと浸透していったのかを確認しよう。

**注**

(1) 香山が私的な回想において描き出す1980年代の東京もまたそのような猥雑さやカオスによって特徴づけられている(香山 [2008])。

(2) 同じことを例えば1980年代に起きたフェミニズムのある種のブームを取り上げながら、大塚英志も指摘している(大塚 [1996→2001])。

# 第3章

# 消費と労働との間で

## 1　臨教審：個性を尊重する教育の登場

前章で見てきたように自分らしさやアイデンティティを志向する態度はまずは消費の形をとって登場してきた。やがてそれは仕事を求める際の態度にまで浸透していく。例えば「自分らしい仕事をしたい」「好きなことを仕事にしたい」「自分自身についてよく分析しておくことは就職活動の大前提」「やりたいことが見つかるまではフリーター」といったような言い方にみられる仕事への向き合い方がそれだ。１９８０年代に消費の領域において始まった自己の変容は２０００年代に入る頃には労働の領域にも影響を及ぼすようになっていたわけだ。

本章が注目したいのはその二つの領域の間、消費の前線である私生活の領域と職業労働という、いわば公的な生活の領域の間にあってほとんどすべての若者が通過する領域、すなわち学校教育である。

前章で見たように、堀井憲一郎は『ａｎａｎ』という雑誌に注目して１９８３年に消費社会への曲がり角を見いだした。女子がまず曲がり、男の子がその後をついていったあの曲がり角は、独特な言葉遣いや物語をともなっていた。その一つが「個性」や「自分らしさ」だ。『ａｎａｎ』はこの時期以降、スターのようになることではなく、個性的であること、自分らしくあることを称揚する語り方を打ち出していくことになる。

『ａｎａｎ』における個性の追求は二つの一見相反する語り方を接続することによって成り立っていた。一つは、「誰もが個性を持っている」という語り方。もう一つは、「あなたが個性的と思っているものはほんとうの個性ではないかもしれない」という語り方だ。前者は個性への信仰を高めるものであり、後者は現に手にしている（と信じられている）個性を懐疑するものである。この二つが接続されることによって、「たしかに存在するはずの、しかしまだ手にしていない個性」を果てしなく探求し続けるように人々を促す誘惑あるいは強迫が生み出される。

個性が消費によって構成され、表現され、確認されるものであるとするなら、このような誘惑・強迫は、まだ見ぬ個性を求めて様々な商品を絶えず消費し続ける態度を人々——堀井の言い方にならえばまずは女子——のうちに形成していくだろう。彼女らあるいは彼らは、消費というやり方で個性を探求し、その都度の自分らしさを手に入れるものの、すぐにまた「それはほんとうの個性ではないのではないか」「もっと別の個性もあるのではないか」という誘惑・強迫に動かされ、別の商品へと手を伸ばしていくのである。成熟しつつあった消費社会の中で『ａｎａｎ』が生み出そうとしたのはそういう消費者であった。

そして同じ１９８０年代の後半、個性という言葉は消費を遠く離れた教育の領域にも現れてきた。

今次教育改革において最も重要なことは、これまでの我が国の教育の根深い病弊である画一性、硬直性、閉鎖性、非国際性を打破して、個人の尊厳、個性の尊重、自由・自律、

自己責任の原則、すなわち個性重視の原則を確立することである。（中略）

個性重視の原則は、今次教育改革の主要な原則であり、教育の内容、方法、制度、政策など教育の全分野がこの原則に照らして、抜本的に見直されなければならない。（臨時教育審議会［1985:12-13］）

これは1984年に設置され、1987年まで活動した臨時教育審議会の答申の一部である。答申は4次にわたって出され、後の教育政策に大きな影響を与えた。特に1989年、1998年の二度にわたる学習指導要領の改訂を方向づけ、後に厳しい批判の的となる「ゆとり教育」を生み出す土台になった点で重要な意味を持つとされる。

この審議会が自らの議論を総括して打ち出した原則が「個性重視」であったということは、消費社会の中で培われた独特の自己のあり方がこの時期に教育の領域にも浸透し始めていたことを示唆していよう。そして後に社会学者・森真一が描き出したように、1990年代を通して急速に流動化・不安定化する労働市場に適応する方策の一つとして「自己啓発」や「自己分析」が広く受け入れられたという事実は、教育の領域に浸透した「個性重視」の論理が、学校から労働市場への移行過程の変容――あるいは解体――とあいまって、労働の領域にまで浸透していった様子をうかがわせる（森［2000］）。

森が心理主義化と呼ぶこの傾向がなにゆえここまで人々を捉えたのか。森はその理由を労働市場の変化に求めているが、それに先行する二つの事情にも注目しておくべきだろう。すなわち第一に、それが消費の領域でなじみのある作法であったこと、および第二にそれが学校教育を通しても伝達されるようになっていたことである。消費の領域と学校教育の領域とにおいていわば訓練され、習得された「心の習慣」であったからこそ、労働市場の変容に対応する作法として容易に転用することができたのだと考えられる。

消費と労働との間にあって学校教育が自己の変容にどのように関わっていたのか、本章の関心はそこにある。1980年代から1990年代にかけて進められた一連の「教育改革」についてはすでに様々な角度から議論されている。ここでは教育改革を消費社会やポストモダン社会との関係に焦点を合わせて論じている岩木秀夫の議論を参照しながら、まずは歴史的な流れを整理しておくことにする（岩木［2004］）。

臨時教育審議会は、1984年に当時の首相中曽根康弘によって設置された。その目的は、日本の教育制度について長期的な観点から再検討し、「社会の変化及び文化の発展に対応するための新たな方向性を打ち出すことにあった（『臨時教育審議会［1985:5］）。しかしそもそもなぜこの時期にそのような再検討と改革の機運が高まったのであろうか。この問いに対しては、長期、中期、短期という三つの時間幅のそれぞれでいくつかの条件がそろっていたと答えておくことができそうだ。

まず長期的には、1970年代以降に世界的な水準で進展した経済的な諸条件の変容——今ならグローバリゼーションという語の下に包括されるであろう——があげられる。この時期に、第一次石油ショックの影響などもあって、先進資本主義諸国では経済的な競争力の低下に見舞われていた。アメリカ合衆国やイギリス等は、この事態に対して規制緩和と市場の活用を中心としたいわゆる新自由主義的な政策をもって対応しようとした。これらの国々においてこの時期に打ち出された教育改革の諸政策はそのような新自由主義的政策の一部をなすものとみることができる。すなわち世界経済の構造変容に対応し、生産性の高い労働力を生み出し、再び経済力を取り戻すことにそれらの政策の照準は合わされていた。

これに対して日本は、同じ時期の経済的な低迷を日本独自のやり方で乗り切り、相対的な優位を確保した。高原基彰の整理を参照すれば、いわゆる日本的経営、家族と企業に軸足をおく日本型の福祉社会、自民党による長期政権を土台にした分配システムからなる日本型の対応によって１９７０年代の危機をある程度乗り切ってしまったがゆえに、１９９０年代以降に問題を先送りすることになってしまった（高原［2009］）。

ともあれ１９８０年代後半、世界規模の変動に日本も直面していたのではあったが、このような相対的優位を前提にして日本の教育改革においては生産性の向上や競争力の確保といったテーマは後景に退いていた。岩木の整理に従えば、この時期の教育改革を主導した人々の間では、生産性や競争力の向上を無条件によしとする価値観は近代のそれであり、成熟した近代に入りつつある日本では新しい価値観の創出こそが必要であると考えられていた。

中期的には１９７０年代の前半にほぼ完成をみた日本の戦後教育のシステムが機能不全に陥っていたこと――少なくともそう信じられていたこと(1)――があげられる。

1970年代には高校進学率が9割を超えるとともに、高校の就職斡旋機能も充実し、就職志望の高校生たちのほぼすべてを何らかの職につかせることができるようになった。このような状況において若者たちは身の丈にあった進路を選択し、そこそこ学校に適応して生活していればそれなりの生活が保証されると期待できるようになる。後にメアリ・ブリントンが「学校という場から職場という場への移行システム」と表現した仕組みの確立である（Brinton［2008］）。

他方で、このような仕組みは偏差値に代表される序列によって仕切られたものであり、仕切られた各集団（場）の中では課される画一的な規律に服することが求められる。逆にいえば、それらの場において個々人の価値観や好みは必ずしも尊重されない。このことがしばしば抑圧的あるいは閉塞的と感じられるようになるのが1970年代後半以降のことであった。具体的には、学校が課す様々な規律への反抗が非行や校内暴力のような形で顕在化したこと、それらの規律がもたらす抑圧が内攻し家庭内暴力や学級内のいじめとしてあらわれてきたこと、さらにはそもそも不登校（「登校拒否」）の形で学校教育そのものから離脱していく子どもたちが増えたことなどがその兆候として注目されていた。臨時教育審議会は、このような「教育荒廃」を「国民が強く解決を望んでいる」課題と捉え、学校教育の制度を刷新することでそれに応えようとした。

最後に、短期的には、対米政策の一環として中曽根内閣が内需拡大による黒字減らしを志向していたことがあげられる。このことが教育改革の方向性を生産性や競争力ではなく、多様な消費に向けた欲望の開発へと向けさせた重要な要因であると岩木は指摘する。このような方向性は例えば最後の答申となった第四次答申における「成熟化の進展」と題された次のような一節に明確に現れている。

我が国は、明治以来の追い付き型近代化の時代を終えて、先進工業国として成長から成熟の段階に入りつつある。この変化に対応して、従来の教育・研究の在り方を見直さなければならない。

まず、生活文化面では、生活水準の上昇、自由時間の増大、社会保障の整備、高学歴化の進展等を背景として、国民のニーズの多様化、個性化、高度化が進展しており、日本人の求める生活の豊かさの内容は、物の豊かさから心の豊かさへ、量の豊かさから質の豊かさへ、ハード重視からソフト重視へ、画一・均質から多様性・選択の自由の拡大などの方向へと向かっている。（臨時教育審議会［1987:272］）

岩木の見るところ、当時流行していたいわゆるポストモダン思想は、生産主義・産業主義を批判し、消費・欲望を肯定するものと受け止められていたため、臨教審的な改革の方向を後押しするものとなった。かくして、アメリカやイギリスの教育改革が世界的な競争に勝ち抜くために必要な生産性や競争力の向上を最終目標と考えていたのに対して、日本は近代的合理主義に対する懐疑を示しつつ、そのような競争に勝つこととは別の価値観を模索しようとしていたのである。といってもそのような態度は、競争に負けてもよいということではなく、すでにある程度勝っているという自信を前提としたものであっただろう。先に引用した「我が国は、明治以来の追い付き型近代化の時代を終え」たという言い方にはそのような自負がうかがえる。

さてこのようないくつかの事情を背景として設置された臨教審であるが、その内部は一枚岩というにはほど遠く、むしろ激しい主導権争いが演じられる舞台となった。まず最初に打ち出されたのは教育の自由化論であった。おもに香山健一など第一部会のメンバーを中心に提唱されたこの議論は、文部省（当時）の廃止も視野に入れた先鋭なものであった。現在の教育制度は児童・生徒たちの自由を奪い、画一的な知識のおしつけになっており、そのようにして教育された子どもたちはこれからの社会を生き延びていくことはできないだろうというのが彼らの主張であった。そのような規制を取り払い、選択の幅をできるだけ広げ、児童・生徒一人一人がそれぞれの自由意思によって学びの内容と方法とを選び取っていくべきであると彼らは提言した。

このように先鋭な主張が可能であったのは、この臨教審が首相直轄の審議会として設置されたことによるものと考えられる。中曽根首相は、この設置の形式を最大限に生かして、それまでの文部行政と深い関わりのない人材を委員として登用した。実際、香山健一は当時「首相が送り込んだ暴れ馬」と評されていた。

これに対して文部省や自民党の文教族は第三部会を拠点に反対の論陣をはった。両部会の争いは、あたかも中曽根首相と文部省・文教族との間の代理戦争の様相を呈していたといわれる。

この対立の中で、折衷案として浮上してきたのが「個性重視の原則」である。第一部会の主張する自由化論も、その自由という言葉の中身をめぐっては曖昧な部分があり、第三部会が自由化に反対する際にも、だからといってこれまで通りにやればよいというわけにもいかなかった。お互いが抱えるこのような事情の折り合いをつける概念として「個性」が採用されたのであった。当時、臨教審の取材にあたっていた記者たちは次のように語っている。

ともかく、いろんな論争はやったんだけども、共通した認識は何かといえば、現場教師の在り方も含めて教育が画一化している。在り方というより、教師の意識とか行動ですね。そういうあらゆるものを含めて画一化しているのではないかという認識ですね。

そこで日教組などのいう教育の自由というのと、どう違うのかと、委員の一人が聞いた。要するに、自由化のエッセンスは何ですかということで、いや、それは個性化だと。このあたりは内田健三委員あたりも、あの人はマスコミ出身の人ですから、じゃあ、個性主義でもいいじゃないか、と。新しい造語には違いないいんだけれども。(ぎょうせい編[1985:16-17])

個性という言葉の導入によって「自由」は、個性の尊重と読み替えられることになり、アメリカやイギリスの新自由主義的な「自由」の概念とは異なった含意を持つものとなった。すなわち後者が自由競争に勝ち抜くための人材を育成するために教育における規律を強化していく方向で教育改革を進めていったのに対して、日本の教育改革はこれ以後、画一化を弱め、個々人の多様性を解放することの方に軸足をおくことになったのである。

ちなみに臨教審が設置された1984年、これまでにも何度か触れてきた女性誌『anan』に詩人・思想家の吉本隆明がコム・デ・ギャルソンを身にまとって登場する。吉本の畏友ともいうべき作家・埴谷雄高はこれを資本主義への加担として激しく批判したが、吉本はむしろこのようなファッション誌を楽しむ余裕が日本の中級・下級の女子労働者の間に確実に分ち持たれているという現実にこそ目を向けるべきではないかと論じた。吉本や埴谷の時代診断の当否はさておき、難解をもって知られる思想家・吉本隆明が、「個性」を誘因とする消費社会の先端部分ともいうべき雑誌にいわばそのような個性＝商品の一つとして登場したという事実に注目しておくべきであろう。思想あるいはもう少し広く教養といってもよいような何かに、個性という言葉を拠り所にして消費の論理が浸透していく様子をそれは示しているように思われるからだ(2)。

個性重視原則が示唆しているのは、吉本が被ったのと同じ変化が教育の領域においても進行していたことではないか。すなわち、個性とは消費の領域からいわばあふれだし浸透してきたものではないかということである。やがてそれは「やりたいこと」の多様性へと読み替えられ、「13歳のハローワーク」や「やりたいことの論理」へとたどり着くのである。

## 2　ゆとり教育：個性の二重の含意

臨教審は4次にわたって答申を行ないその活動を終えたわけだが、この答申はその後の日本の学校教育を大きく方向づけるものであった。岩木にならってこのあとの一連の流れを「ゆとり改革」と呼んでおくことにしよう。具体的にいえば、臨教審の答申を受けて、その後二回にわたって行なわれた学習指導要領の改訂によって具体化された改革がそれだ。

まず1989年の改訂では「新学力観」という考え方が打ち出された。これは従来の教育課程が知識や技能の習得を重視してきたのに対して、学ぶ側の関心・意欲・態度といった要素をより重く評価しようというものだ。そうすることで児童・生徒各人の個性を尊重しながらそれぞれがそれぞれのやり方で主体的に学ぶ意欲を育てることができるとされた。次いで1998年の改訂では、この「新学力観」を前提としながら、「生きる力」という指針が提起される。この改訂の前提となる第15期中央教育審議会の第一次答申では「生きる力」について以下のような説明がなされている。

これからの子どもたちに必要となるのは、いかに社会が変化しようと、自分で課題を見つけ、自ら学び、自ら考え、主体的に判断し、行動し、よりよく問題を解決する資質や能力であり、また、自らを律しつつ、他人とともに協調し、他人を思いやる心や感動する心など、豊かな人間性であると考えた。

学習指導要領のこのような改訂は、もちろん授業科目などカリキュラムの具体的な構造の変更もともなっていた。小学校では「生活科」のような主体的経験を重視する新しい科目が設置されたほか、主体的に学ぶ態度を形成するためにすべての学校において「総合的な学習の時間」が設けられることになった。また既存の科目についても選択の幅が広げられていった。この点について中学校の新学習指導要領の解説書では、ある教育学者の言葉を引用しながら次のように述べている。

日本の中学校教育は、国民として共通に学ぶものを重視する義務教育としての完結性の役割と、青年前期の発達段階にある中学生が自分探しの旅を本格化することを扶ける個性教育の出発点の役割との、二つをもっている。(澁澤文隆編著［1999:59］)

選択の幅を広げるということは、この文脈でいえば「自分探しの旅を本格化することを扶ける個性教育の出発点の役割」を担うものということになろう。消費社会が、商品の選択を通して個性を構成するという態度を形成したのと同じように、ここでは自分が学習する科目や内容、問題設定を自分自身で選ぶことを通して「自分探しの旅」が支援されたり「個性」の表現が奨励されたりするのである。

岩木によれば、このような自分探し型の教育はやがて学力低下論や格差拡大論によって批判され、徐々に英米型の能力主義的な教育へと回帰していくことになる。だが、全体の能力を底上げするような従来型の教育が再度目指されたわけではなく、むしろ能力のあるものに手厚く資源を投入するというある種のエリート教育が志向されていた。２０００年に小渕恵三首相の下に設置された教育改革国民会議は、そのような流れを象徴している。例えば、ジャーナリストの斎藤貴男によれば、同会議の座長をつとめたノーベル賞物理学者の江崎玲於奈は次のように発言しているとされる（斎藤［2000→2004］）。

「ある種の能力の備わっていない者が、いくらやってもねえ。いずれは就学時に遺伝子検査を行い、それぞれの子供の遺伝情報に見合った教育をしていく形になっていきますよ」（斎藤［2000→2004:12］）

また、同じ時期に教育課程審議会で委員をつとめたある作家も次のように発言したとされる。

「できる者を限りなく伸ばすことに労力を振り向ける。」
「限りなくできない非才、無才には、せめて実直な精神だけを養っておいてもらえばいいんです。」
「それが〝ゆとり教育〟の本当の目的。エリート教育とは言いにくい時代だから、回りく

どく言っただけの話だ」（斎藤［2000→2004:347］）

教育社会学者の藤田英典は２０００年代初頭の状況について、学力低下を憂う世論に後押しされる形で能力主義への回帰が進むと同時に、具体的なカリキュラムとしては「ゆとり教育」が着々と実行されていくという逆向きの流れが交錯するある種の混乱として描き出している（藤田［2008］）。この混乱によって見えにくくなってはいるが、この間に臨教審が目指していた「自由化」が進行していったと藤田は指摘する。学校も教師も児童・生徒も「選択の自由」の名の下に互いに競争することを強いられるだけではなく、その競争の勝敗についての責任を全面的に引き受けさせられる。このような状況の進行は、学力が低い子どもたちへのケアを切り捨てることにつながり、学力の格差はいっそう進むことになる。

実はこの過程は「個性」や「自分探し」といったものを重視する価値観によって込み入った形で増幅されている。例えば、教育社会学者の苅谷剛彦は調査データをもとに、勉強が苦手な生徒ほど学校的な価値観から距離をとることで自尊心を満足させる傾向があると指摘した（苅谷［2001］）。「勉強だけが人生ではない、勉強とはもっと違ったよいものを自分は持っている」ということだろう。このような感じ方は「個性」を尊重し、一人一人の「自分探しの旅」を支援しようとする論理となじみがよい。そのような論理に支持されることによって学校的価値観から離脱する上での敷居は急速に下げられていくのである。

「個性」や「自分らしさ」の持つこのような効果をある意味で最も明白に示していたのが、２

003年に爆発的にヒットした『世界に一つだけの花』という歌であろう。

そうさ　僕らは
世界に一つだけの花
一人一人違う種を持つ
その花を咲かせることだけに
一生懸命になればいい
（中略）
小さい花や大きな花
一つとして同じものはないから
No.1にならなくてもいい
もともと特別な Only one

もちろん意地悪な見方をすれば「花屋の店先に並んだいろんな花」の話なのだから、そもそも厳しい競争を経て選びぬかれたエリートたちがそれぞれの才能を思い切り発揮するという歌と見ることもできるわけだが、多くの人はむしろまったく逆の意味でこの曲を受け入れ、愛したのではないかと思われる。すなわち、他人と競って勝つことだけが自分の価値を証明する道ではない、競争とは違うやり方で一人一人がそれぞれの個性を実現していくことの方が尊いのだ、と。ここでいう「競争」にはいろいろなものが含まれるであろうが、学校や職場における成績をめぐる競争がその重要な部分として含まれているであろう。そう考えてみるとこの曲のわかりやすいメッセージは、先ほどの「勉強だけが人生ではない」という「個性」や「自分らしさ」の論理と地続きであることが見えてくる。そしてこの曲がある種の「癒し」として受け入れられ、ほとんど社会的なブームにまでなったという事実は、学校的な価値観から離脱していく生徒たちの心性が社会的な支持を得ていたということを意味してもいる。

No.1にならなくてもいい
もともと特別な Only one

この曲に癒されながら人々は、子ども・若者たちの間での「自分探し」と「学校的な価値観」との奇妙な癒着と分離とを黙認してきたことになる。藤田や苅谷が強調していたのは、そのような黙認の結果として社会階層にそった学力の格差とその拡大が進行したのだということであった。

だとすると「個性」という言葉は、学校的な能力主義にのっとってそれなりの成績を挙げられる人とそうでない人とで異なる含意を持つものとなったということもできる。すなわちそれは、成績のよい子たちには能力を徹底的に磨くことを、成績のあまりよくない子たちには成績競争から降りることをそれぞれ推奨していたのである。

本田由紀によれば、成績のよい子どもたちには、1990年代以降、単に勉強ができるだけでなく、様々な人々と柔軟に共同作業ができるためのコミュニケーション能力が求められるようになっていくのだという（本田由紀［2005］）。個性は、このような共同作業の中で見いだされる他人との違い、およびその違いをすりあわせてより大きな仕事を成し遂げる能力のようなものとして捉え直されていくであろう。このような社会を彼女はハイパー・メリトクラシーと名づけた。しかもコミュニケーション能力は学校ではなく主に家庭内で育成されることから、生まれた家庭の環境の違いが学校教育によって均《なら》されることなく能力の差異へとつながっていくと本田はいう。ここでの「個性」は「勉強だけが人生じゃない、勉強ができなくても自分らしくあればそれでよい」という癒しの言葉とはだいぶ違った方向性を持つ。

それでは学校的な価値観や競争から離脱した子どもや若者たちは、どのようなやり方によってオンリーワンになることを目指したのか。おそらくはそこで再び消費という方法が想定されていたのではないか。中西新太郎は、子どもたちが商品として提供される様々な文化に依拠して自分たちの生を意味のあるものにしていると論じている（中西［2004］）。1970年代以降、子どもたち、若者たちにとって消費文化は自分たちの生きる拠り所をくみ出すための豊かな土壌となってきたのである。ゲームであれ、アイドルであれ、音楽であれ、それへの愛を通して彼らは自分たちを意味ある存在として見いだす。

学校の方もこの時期、消費文化に対抗し、それへの愛着を抑止する働きを弱めつつあった。指導要領の転換は、教師と児童・生徒との関係を指導から支援へと変えていく。教師が「カウンセリングマインド」を持つように推奨されていたことに象徴されるように、教師は児童・生徒に対して上に立って「正しいこと」「必要なこと」を教えるというよりは、彼らの傍らにあってそれぞれの「関心」を引き出すために支援するという役割を期待されるようになる。規範を課すという意味での「指導」は後景に退き、よりソフトな関わりが求められるようになっていくのである。そのような流れを純化していったときに現れるのが大澤真幸・金子勝によって報告されているある高校のような事例だ（大澤・金子［2002］）。この高校の特徴をひとことでいえば、生徒が「やりたいことをやること」を課せられているということだ。ここでは規範は生徒の関心あるいは欲望と一致させられているのである。

ともあれ消費社会的な作法や文化は、「個性」という用語を通して学校の領域に浸透していく。それは学校的な価値観を浸食し、児童・生徒を静かに二極分化させていくとともに、その過程で学校的なものから離脱した者たちの受け皿ともなっていく。ついでにいえば、臨教審以降、学校を教育の場としてよりもある種のサービスを売買する場として眺める視線が定着していく（佐々木・大内［2008］）。消費者としての作法は、人々が学校に対するときにとる態度のうちにも着実に浸透していったのである。

岩木秀夫は、臨教審の隠された目的を消費社会的な人格の養成に見て取っていた。すなわち短期的には対米黒字減らしのために、より長期的には生産主義とは異なった成熟社会にふさわしい文化を生み出すために、教育の軸を消費の方におきなおした、のだという。かりにそれが事実だとすると、その試みはある意味ではたしかに実現したといえるのかもしれない。

## 3　学校から労働市場へ：やりたいこととしての個性

こうして学校教育の領域へと浸透した「個性」というキーワードは、学校から労働市場への移行過程のあり方にも独特の影響を及ぼすことになる。この影響について説明しておこう。

もちろん移行過程の変化は、個性やそれを土台にした指導要領によってのみもたらされたものではない。1990年代初頭の景気後退以降、若年労働市場が急激に縮小したという事情が大前提としてある。例えば高校新卒者に対する求人数は、1992年に167万6001人に達した後は急落し、5年後の1997年には51万8094人まで、およそ3分の1にまで縮小している（3月末時点での数値）。求人倍率（7月末時点）で見ても、1992年の3・08倍を頂点として急落、1990年代末以降はおおむね1倍をやや下回る程度の状態を続けている。またリクルートワークス研究所の調べによれば、大学新卒者に対する求人倍率も1991年の2・86倍で頂点に達した後、1996年の1・08倍まで急落している。

このような労働市場の急激な縮小は、まずは高校と労働市場を結ぶ制度的な仕組みを直撃した。高校から企業へと生徒を紹介する仕組みは高度成長期から1970年代にかけて整備され、二度にわたるオイルショック以後もそれなりにうまく機能していた。メアリ・ブリントンは、これを「場」から「場」への移動と表現した。すなわち、「学校という『場』から会社という『場』へ」、若者たちは一斉に移動していったのである（Brinton［2008=2008:22］）。彼女は、この仕組みが労働市場の縮小により、解体に追い込まれていったと指摘する。

この解体は、現場で就職指導や進路指導にあたっていた教員以外にはなかなか気づかれず、1990年代末以降にフリーターの増大やニートが社会問題として注目を浴びることによってようやく広く認識されるようになった。総務省の労働力調査によれば「若年層のパート・アルバイト及びその希望者」（いわゆるフリーター）は、2003年には217万人に達した後、実数としては若干減少しているものの、同年齢人口比率ではおおむね6％台半ばを記録し続けている。同じ時期に、若年層における失業率も上昇している。完全失業率は全体でおおむね4％台から5％台で推移している中、15歳から24歳の年齢層においては9％台から12％台となっている。

要するに若年労働市場が縮小した結果、学校を通した従来の仕組みがうまく働かなくなり、安定した雇用につくことのできない若者が大量に生み出されてしまったというのが、1990年代以降に起こったことなのである。この状態は今もなお続いているといってよい。

個性という言葉は、このような従来の就職指導の機能失調を埋めるような形で、移行過程に浸透していく。すなわち「自分の個性をまず見きわめ、そこから進路を考える」という論理の台頭である。例えば作家の村上龍は、小学生や中学生に語りかける形で次のように書いている。


楽ではないが止めようとは思わないし、それを奪われるのは困るというのが、その人に向いた仕事なのだと思います。そして、その人に向いた仕事、その人にぴったりの仕事というのは、誰にでもあるのです。できるだけ多くの子どもたちに、自分に向いた仕事、自分にぴったりの仕事を見つけて欲しいと考えて、この本を作りました。（村上［2003:3-4］）

「自分にぴったり」の仕事を見つけ出すためには、その「自分」がどんな人間であるのかをまず知らなければならない、と村上はいう。

その人の特性、つまりその人の個性や資質、その人しか持っていないものは、わたしにはわかりません。自分で探すしかないのです。ですから、この本では選択肢だけを示していきます。（村上［2003:4］）

「自分で探すしかないのです」という言葉に注目しておこう。実は、「個性」という言葉が進路や就職と結びつけて用いられるのは、歴史上このときがはじめてというわけではない。教育社会学者の広田照幸は戦前の教育における「個性」という用語の用い方に着目し、それがもっぱら個々人の持つ様々な能力に即して測られるものと見なされていることを示した（広田［2001］）。「○×は苦手だが□△は得意だ」というように、能力の凹凸を職業との関係で評定する際に個性という言葉が用いられていたのであった。ここで注意すべきは、このような戦前の用法では、個性はある軸にそって測定されるものであったこと、つまりその限りで他人によって測られる客観的なものであったということ。また、それと対応して、個性は誰にでも共通する資質や能力の差異に結局は還元されるものであって、「その人だけのかけがえのない何か」のようなものを意味してはいなかったということだ。

だが村上の言葉が含意しているのは、ここでいう「自分」や「自分にぴったり」のものが、他人によって測られることができず、自分自身の感覚で探り当てるしかないようなものとなっているということである。それは一方において自分にしかわからないという意味で主観的であり、他方においてその人しか持っていないという意味で「かけがえのなさ」と結びつきやすいものとなっている。

自分にしかわからない、自分だけが持つ何かという意味での個性は、しばしば「私は何をやりたいのか」という問いと結びつけて考えられるようになる。この結びつきは論理的にいえば決して必然的なものではないが、個性という考え方が消費の領域から輸入されたものであることを考えれば、かなり可能性の高いものではあっただろう。

久木元真吾がフリーターへのインタビュー調査のデータを分析する過程で見いだしたのはまさにそのような意味での個性への志向であった（久木元［2003］）。すなわち、フリーターの若者たちにとって、「やりたいこと」の有無がフリーターでいることを正当化する根拠となっているというのだ。やりたいことがあってフリーターをやっているのはよいことであるのに対して、やりたいことがないのにフリーターをやっているのは悪いことである、というように彼らの論理は組み立てられている。「やりたいこと」は、フリーターであるという生活条件に関する他の諸事情を相対的に小さく見せてしまう。結果、フリーターであることの社会経済的なリスクは「やりたいこと」の論理によって隠蔽されてしまいかねないと久木元は警告した。「やりたいこと」を進路選択の根拠にしようとするのはフリーターたちだけではない。例えば若者の雇用や労働に詳しい経済学者の玄田有史は、『14歳からの仕事道』という著作の冒頭でこう書いている。

高校生や大学生と将来の話をすると、みんな「やりたいことがない」って言います。私は、やりたいことや、やりたい仕事がある人はとても幸せだと思います。けれどもやりたいものがないからといって決して不幸だということはない。むしろ、自分の本当にやりたいことって何だろうって、悩みながらもあきらめずに探し続けている人のほうが、結局、自分が本当にやりたいことに最終的には出会えたりするんです。（玄田［2005:19］）

「やりたいこと」が見つからない若者たちに対して進路や就職についての基準は他にもいろいろあるだろうと指摘する代わりに、玄田は、「やりたいこと」を「悩みながらもあきらめずに探し続け」ることをここで推奨している。実は玄田は、この本の中で個性がなくても幸せに生きることはできるのだということも何度か書いているのだが、少なくともここで引用した部分などは、「やりたいこと」としての「個性」を追求することへの応援メッセージとして受け止められるであろう。

心理学者の溝上慎一は、心理学的なアイデンティティ形成という観点から大学生の変容を描き出そうとする著作の中で、ここまで見てきたのと同じ傾向を「アウトサイド・インからインサイド・アウトへ」と表現している（溝上［2004］［2010］）。すなわち進路との関係で自分自身を眺めるとき、かつての大学生は、家族の期待や社会の状況、社会的な価値観・規範・理想などといった自分自身の外側にある諸要因をまずは前提として踏まえ、そこから自分の位置を決めていくという段階を踏むことが多かった。すなわち外的な要因（アウトサイド）がはじめにあった上での自分自身の位置づけ（イン）である。

これに対して、1990年代以降の大学生にとって、まず重要なのは自分が何をしたいか、何になりたいかということ（インサイド）であり、そこがしっかり決まっていないと、外側に向けて何をどのようにしていけばいいのか（アウト）が決まらないというのである。インサイドをやりたいことあるいは個性に置き換えて考えてみれば、溝上のこの指摘が、個性志向が移行過程にもたらした変化を別の角度からみたものであることがわかる。

こうして、教育領域へと浸透した個性志向は、消費社会的な作法とのなじみのよさ、労働市場の変容等の諸条件とあいまって、移行過程へと向かう若者たちの姿勢を大きく変えてしまった。

あるいはこれを次のような角度から見ることもできるかもしれない。1990年代初頭の景気後退以後、それまではあれほどうまく機能していた移行の仕組みが急激に解体してしまったのにもかかわらず若者たちが社会的な異議申し立てを行なわなかったのは、彼らの態度の側にこのような変化が生じたからだ、と。自分たちはやりたいことを追求しているだけだし、その結果として不安定な状態を自分自身で選択しているのだと彼らが考えている限り、労働市場の縮小も、移行過程の解体も、それを補うべき雇用政策の失敗も、彼らの視野には入ってこないであろう。やりたいことの論理を通して、彼らは自分たちの社会経済的な窮状を社会や政治ではなく自分自身に責任帰属しているのである。その限りにおいて彼らの態度変容は、この時期の諸政策に強い影響を与えた新自由主義的な態度と共振していた。そして臨教審の答申が新自由主義的な方向性を土台としていたことを考えると、そこで提示された理念はそのような意味においても完成をみたということができそうである。

しかしここで急いで付け加えておかなくてはいけない論点がある。

やりたいことの論理が移行過程に浸透していくことにはたしかにリスクがともなう。若者が、自分たちの窮状を自分たちの責任だと考えることは心理的に彼らを追いつめることになるだけではなく、社会的・政治的な働きかけの通路を見えなくすることで、可能な手段を奪うことにもなるだろう。事実、進路を理由とする大学生の自殺が増えていると報じられる一方で、他の先進国に比べて日本の若者は政治的に温和であると評されることが多い。では、個性志向ややりたいことの論理を解除して、昔のような移行過程を再構築するのがよいのだろうか。おそらくそれはできない。

多くの社会学者が指摘するように、かつての移行過程は戦後日本が１９７０年代までに作り上げたある体制の下でのみ可能なものであった。その体制が１９９０年代以降に崩れてしまったことが変化の根本にある以上、移行過程だけを元に戻すことは不可能である。したがって、過去の記憶を土台にして「やりたいこと」「個性」だけをやり玉に挙げても意味はないであろう。おそらく必要なのは、個性ややりたいことの論理とリスクの少ないやり方でつきあっていく方法であろう。本書の最後でもう一度この点に立ち戻ってみたい。

## 4　個性尊重教育から多元的自己へ

先に見たように岩木秀夫は、臨教審からゆとり教育にいたる過程において、教育の力点が、消費社会に対応する人格の形成へと移動していったと論じた。その結果として彼が引き出したのは、ある意味では意外な結論であった。彼は、個性尊重教育は21世紀に入って、無数の多重人格（解離）的な自己を生み出したというのである。詳しく見ていこう。

もともと産業主義というのは目的・手段の連鎖によって個々人の諸行為が比較的固く結合されていることを前提にしている。人々の欲望もまたこのような固い結合に制約されているため、比較的単純で見通しやすいものとなる。だが消費社会は、そのような欲望への制約を取り払うことで作動するものだ。未来における目的によって意味づけられる手段として何かが欲望されるのではなく、ただ単に「今ここでそれがほしい」という欲望が多様に開発されることで、消費社会はその原動力を得るのであるから。「身体的欲望がつぎつぎに商品化され、消費されることが、経済発展のフロンティアになってきた」のである（岩木［2004:189］）。

だがこのような欲望の開発は、固い結合として成り立っていた人々の自己をソフト化し、その都度の欲望へと解体していく。岩木はこれを解離性同一性障害になぞらえて、人格の解離が進行しつつあると指摘する。本書の言葉遣いに置き直していえば、消費社会に適合的な人格の形態というのは多元的自己であったと岩木は考えているのである。

その観点から見ると、同じ時期に「心」が政策的な介入の対象として浮上してくるのは偶然ではないと岩木はいう。例えば、政府の「21世紀日本の構想」懇談会の結論に典型的に見られるように、心は今後重要なフロンティアになるとされていたのである。これは人格のソフト化の裏面であると岩木はいう。

人格あるいは自我同一性とは、社会学的にみれば、われわれ一人ひとりの身体を起点とした、行動の一まとまり（統合性）のことにすぎません。こころの時代とは、この行動のまとまりのつくり方を、労働と消費の両面からソフト化し、資本主義のフロンティアの垂直的深化をいっそうすすめる一方で、そこからくるリバウンドをセラピーとナショナリズムで管理する時代、ということです。（岩木［2004:167］）

個性尊重教育の果てに登場するのは多元的な自己であり、その多元性がもたらす諸問題への対応としてセラピスト等の専門家による心への介入が求められる。岩木はそう論じる。

岩木は、このような解離の先端領域として若者が好んで耽溺する（はまる）「サブカルチャー」に言及し、東浩紀の著作を引用しながら、若者の自己の多元化について触れているのだが、この話題は第6章までとっておくことにして、ここでは岩木がこのような事態をきわめて否定的に捉えているという点に注意を向けておこう。すなわち、第一に、自己がソフト化し、そのまとまりを失うこと自体がのぞましくないことであると岩木は考える。第二に、そのようなソフト化のもたらす問題への対応として、専門家による心への介入が進行するという問題もある。国家や資本による管理が、いちだんと人格の内部にまで及んでくるというわけだ。第三に、このような状況に対して異議申し立てをしようとする動機づけ自体が自己の多元化によって損なわれてしまうのだという。

われわれの人格は解離化・多重化します。不当な不利益をこうむる自分と、それを見つめる自分と、正義を感ずる自分と、他者と連帯して正義をもとめる自分、……それらの自分は一つにつながりません。何やら疲労感と無力感があるだけです。このような解離的・多重的な人格のありようが足枷となって、われわれは、みずからの外部に存在する「社会」に、当事者として関わる能力を失っていきます。（岩木［2004:218］）

あとの章でも若者の自己の多元化が進行してきたことをデータによって確認するつもりであり、したがって岩木の状況認識のうちかなりの部分が本書によっても共有されているという点をまずは確認しておこう。その上で、多元的自己に対する岩木の否定的な評価についていくつか問題を指摘しておきたい。

第一に、個性志向と多元的自己との関係について。個性はしばしば「唯一のかけがえのない自分らしさ」として観念されており、これと多元的自己との間にはなめらかな連続を想定しにくい部分があるのではないか。第二に、多元的自己とリスクとの関係について。岩木は多元化自体を一つのリスクと考えているように思える。だが、岩木がいうように、個性志向がやりたいことの論理を通して若者を周辺化するリスクがあるというなら、自己の多元化は、一つの個性への過度の依存によるリスクを低減させることにもなるのではないか。いわばリスクヘッジとしての多元化である。第三に、社会参加と多元化との関係について。岩木は、多元化が無力感を生み、若者を社会参加から遠ざけるというが、これは事実認識として妥当なのだろうか。

以上の問題を念頭においてもらいながら、次章ではオタクと呼ばれる一群の若者に目を移して、１９８０年代から１９９０年代にかけての変化を別の角度からみてみることにしよう。

## 注

（1）実際に戦後教育の仕組みが機能不全に陥っていたのか、それとも単にそのように信じられていただけなのかについては議論の余地がある。例えば受験競争について、苅谷剛彦は当時のデータをみてみると実際には「受験地獄」「四当五落」などと表現されていたような過酷な状況は存在しなかったのではないかと指摘している（苅谷［2002］）。

（2）批評家・佐々木敦のみるところ、思想や思想家を商品として扱う態度は２０００年代に入って完成をみることになる（佐々木［2009］）。例えば、思想とはマーケティングの対象となるべき商品であるという立場を自覚的にとる東浩紀などがその代表であるとされる。

# 第4章

# 「コミュニケーション不全症候群」の時代

## 1　オタクの浮上

消費社会化の進行する中で徐々に形成されていった自己構成の形式、そしてそれが教育という制度の中でいわば後追い的に是認され、取り込まれていく様子を前章で見てきた。本章では、その自己構成の形式がもう一段の純化を遂げる局面に着目しよう。時代は１９９０年代、主人公はオタクと呼ばれる一群の人々である。

実はこのオタクこそが、90年代から00年代にいたるまで、若者のアイデンティティを語る際にある種の前線を形成してきた。語りの焦点は少しずつずれていくものの、若者のアイデンティティを語る際のフックのようなものをオタクという形象は提供し続けてきたのである。別の角度からいえば、若者のアイデンティティについて語ろうとするときに、それをオタクに仮託せずにはいられないある種の欲望が広く分かち持たれていた時代が１９９０年代であるといってもよいかもしれない。本章ではこの欲望の連続性に着目することで、逆に語りの焦点の移動を浮かび上がらせてみたい。その移動を要約するなら「消費する自己からコミュニケーションする自己へ（そして多元的自己へ）」とでもなるだろうか。

まず基本事項を復習しておこう。今でこそ日常語の一部となった「オタク」（「おたく」というひらがなによる表記もしばしば用いられるが本書ではカタカナで統一する）であるが、それが使われ始めたのは1980年代中頃のことであった。諸説ある起源論の中で最もよく参照されるのは雑誌『漫画ブリッコ』の1983年6月号の誌面において評論家・中森明夫が命名したというものである。中森は、マンガ、アニメ、SFのファンたちが様々な集まりでお互いを「おたく」と呼び合うことに着目し、彼らを「おたく」と名づけた上でその行動様式について様々に揶揄するコラムを3号にわたって連載した。この揶揄に対して同誌の編集長だった大塚英志は翌月号に「オタク」擁護の論陣を張り、中森の連載は打ち切られることとなった。

とはいえオタクが中森によって発見されたというのはやや言い過ぎになるかもしれない。おそらくは1980年代の早い時期からコミュニケーションに遅れをとる（ように見える）人々が顕在化し始め、その「遅れ」が独特な趣味への没入と対になっていることがある種の強い印象をもって見いだされるという事態が頻繁に起きるようになっていたのであろう。中森はそれに名前を与える役割を演じたというのがより正確な見方であるように思われる。実際、オタクを語る様々な議論（「言説」）を四半世紀にわたって丹念にたどり直してみせたジャーナリストの松谷創一郎は、その言葉の前身として1980年代初頭には「ネクラ」や「ガリ勉」、「ハカセ」という言葉があり、「こういった個々人の人格や特性、趣味志向性などへのネガティブな注目は、若者たちのコミュニケーションにおいて前景化したものである」（松谷［2008:118］）と指摘している。

ここで確認しておくべきことは、松谷によれば、オタクという言葉がアニメ等のファン内部の差異化の手段として用いられていたという点だ。自分たちをまっとうで健全なファンだと信じる人々がそのまっとうさ、健全さを正当化するためにひきあいに出す他者たち、それがオタクだったというのである。

むろん否定的に位置づけられた人々からも逆向きの差異化が生じ得る。例えば、森川嘉一郎によれば、オタクは彼らの領域への一般の男女の侵入を防ぐために「より『ダメ』なサブジャンルを作り上げ、世間から受け入れられることを避けるかのように、そちらへ中心を移していった」（森川［2008:242］）のだという。例えば、アニメファンが一般化すれば、よりニッチなジャンルのアニメに移動していく等という振る舞い方がそれだ。

今でいえば友だちの少ないいわゆる「ぼっち」が、華やかな生活を楽しんでいる（ように見える）若者たちに「リア充」という言葉を自虐気味になげかける身振りに似ているといえばよいであろうか。

しかし繰り返すがここで確認しておきたいのは、オタクという言葉の登場にまつわる闘争は、ファンたちの外部への差異化としてというよりも、ファン内部で生じた差異化の試みとして理解できそうだということである。実際、中森明夫自身が『漫画ブリッコ』というそれ自体オタクを主要な読者層とする雑誌に連載を持つオタクであったこと、後に触れる東京・埼玉で起こった連続幼女誘拐殺人事件を機にまき起こったオタクバッシングに際して大塚英志とともにオタク擁護の論陣を張ったことなどからも、オタクを揶揄する側も揶揄されて反発する側も大枠としては同じ土俵を共有していたことがうかがわれる。これはまた、オタクバッシングが、「オタク文化のリーダー部分（つまり新人類的でもある部分）によるフォロワー部分への差異化の試みがなされた」結果であり、いわば「オタク文化内部の差異化の運動、つまりオタク関係者以外にはどうでもいい『オタクの階級闘争』にすぎなかった」（宮台［1994→2006:229］）という宮台真司の指摘とも呼応していよう。

そのような「階級闘争」によって浮上してきたオタクという括り方が、ファン集団を超えてより広い範囲に認知されるようになるのは、しかし、1988年から1989年にかけて東京都・埼玉県で発生した連続幼女誘拐殺人事件（容疑者の名前からM事件とも呼ばれた）によってであった。4人の少女が誘拐・殺害され、その遺体の一部が被害者宅に送られたり、女性の偽名を用いた犯行声明が新聞社に送られたりといった特異な経過をたどったこの事件は、容疑者の青年が逮捕されるにおよんで独特の展開を見せた。すなわち、犯行の動機を求めてマスメディアをはじめ多くの人々が彼のライフスタイルに着目し、それを名指す言葉として「オタク」という語を流布させていったのである。ビデオテープなどが大量に並ぶ彼の部屋の映像がテレビなどで繰り返し流され、人づきあいをきらって個室に閉じこもりメディア文化（いわゆる虚構）にどっぷりとつかっているという古典的なオタクのイメージが作りあげられていった。

後に大塚英志がはっきりと指摘したように、この青年はオタクであることにむしろ失敗していた。そもそも「オタク」という呼び名の起源となった他人への積極的な語りかけは、趣味を同じくする限りにおいて彼らがコミュニケーションにおいてむしろ積極的であることを示している。それに対してこの青年の場合、オタク的とでも表現すべきこの種の社交性を持ち合わせていなかったため、仲間作りには失敗していたといわれている。

だが、マスメディアによってある種の誇張を受けながら増殖する彼のイメージは、オタクの典型像として社会に流布していった。メディア文化への耽溺、子ども向け文化への固執、対人関係の希薄さなどといったその後も長くオタクの特徴としてあげられるものとともに犯罪への性向という強烈に否定的な像がこの時期、急速に形成されていったのである。

事件直後のコミケ（コミックマーケット、日本最大の同人誌即売会）を取材したあるテレビ局のレポーターがそこに集う人々を指しながら「ご覧下さい、ここに10万人の○×（件の青年の名前）がいます」と叫んだというエピソードは、当時、オタクというカテゴリーがどれほど人々の不安をあおり立てるものであったのかをよく物語っている。

その後、２０００年代半ばにオタク系文化がそれなりに大きな規模のビジネスになり得るという認識が共有され、特に輸出産業として有望なのではないかと考える人々が増えていくにつれて、その言葉の否定的な意味合いは急速に解除されていった。２００４年にオタクの青年の恋愛物語である『電車男』がヒットしたのは、そのような流れを象徴する出来事であったといえるだろう。ともあれその時期まで、あるいは今もいくぶんかは、誰かをオタクとして名指すというのはその人をおとしめることであった。

オタクという語が帯びたこの強烈な否定性は、今から振り返ると単に連続幼女誘拐殺人事件の余波というだけではなく、１９９０年代末から顕在化する若者バッシングにも通じる、大人たちが抱くある種の不安を反映したものではないかと思えるのだが、このことにはまたあとで触れることにしよう。ともかくこの時期以降、オタクという言葉は若者に見られる全般的な傾向を語る際に欠かせない象徴的なキーワードとなったのであった。ここで注目したいのはそのキーワードの象徴するものが１９９０年代にある転換を被っているのではないかということである。

## 2 オタクとは誰のことか

オタクについて語ろうとするときはじめに問題になるのはその定義だ。２０００年代後半以降、「みんながオタクになった」とも「オタクはすでに死んでいる」ともいわれる状況の中、オタクの定義が一筋縄でいかないことは誰の目にも明らかとなっている（辻泉［2012］、岡田［2008］）。ある方向から下された定義は、必ず別の角度から下された定義から反発を受ける。そういった定義の衝突の中でオタクの像は次第に曖昧になってきたといってよい。

オタクに限ったことではないだろうが、対象となる現象を正確に定義した上でそれについて語るというやり方は、しばしば失敗する。なぜなら誰かをオタクと名指すという定義行為自体がしばしばオタクという現象の一部をなしているからだ（團［2013］）。言い換えると、オタクとは誰のことか、という問いかけとそれに対する答えの無数の連鎖そのものがオタク現象を形作っていくのである。定義の衝突は、このような形成過程の一環に他ならない。

そこでここではオタクを正面から定義することはしない。代わりに１９９０年代にオタクを語った人々が、その語りを通して若者の自己やアイデンティティをどのように描き出したかという点に注目する。彼らはオタクについてのそれぞれ定義のようなものを持っていたし、ときにそれについて詳細に説明してみせてもいる。しかしここではそういった定義の妥当性については問わないでおこう。繰り返すが、注目したいのは、彼らが定義も含めてそういうオタク語りの中で若者のアイデンティティや自己のあり方についてどのような像を描き出しているのかという点であるからだ。

この点に留意しながら、まずはおおざっぱに把握しておくなら、オタクという言葉は、オタク周辺の狭い範囲を超えて広く流布していくに際して、以下のような三つの次元を混在させていたように思われる。

(1)彼らが消費している対象（消費の次元）
(2)作品を消費する過程で彼らが展開するコミュニケーションの様式（コミュニケーションの次元）
(3)そのコミュニケーションの根底にあると周囲から想定される彼らの人格（人格類型の次元）

オタクという言葉を用いて達成される事柄には多くのものが含まれるが、その中でも重要なのは、誰かを、あるいはときには自分自身を、ある特定の集団に属するものとして切り出すといった操作だろう。ここにあげた三つの次元はそのような切り出しの手がかりとなると同時に、そのような切り出しを正当化するために参照されるものだ。

例えば、オタクという言葉が拡張し尽くされたかに感じられる今日であっても、その言葉をきいて最初に思い浮かぶ像の一つは、アニメや漫画、ゲームに夢中になっている若者のことではなかろうか。「あいつ、オタクだよな」という言い方に対して「なぜ?」という問いが投げかけられる場面を想像してほしい。この問いに対するありがちな答え方の一つが「だってあいつ今クールのアニメ全部録画してるってよ」といったものである。消費している対象が彼らオタクをそれ以外から切り出す手がかりと正当化の理由を提供しているというのはそのようなことである。

同じようにオタクは口下手で、仲間内では饒舌《じょうぜつ》なのに、その外に出るとまるで「空気が読めない」し、恋愛にも奥手であるというイメージは今も強烈に残存している。『電車男』で描かれたオタクの恋の物語は、まさにそのような状態からの「成長」を一つの主題としていた。ここではコミュニケーションの様式がオタク(そして脱オタク)を区別する目安になっているわけだ。

それと同時に、そのようなコミュニケーション上の特性を彼らの人格の型に帰属するという営みもオタクについての語りの中でしばしばなされる。誰かの性格について語るという営みはごくありふれたものであるが、オタクの場合、なぜ彼らがそのようであるのかという問いに対して、人格特性についての語りによって答えが与えられる。「なぜ彼らはああなのか」、「オタクだから」、というわけだ。松谷が、オタクに先行する類似のラベルとしてハカセ、ガリ勉、ネクラをあげていたのは先に紹介した通りであるが、それらもまたある人々の行動を説明するために用いられていたものだ。それらと比較したときのオタクという括り方の特徴は、人格特性による説明（右記⑶）のみならず、消費している対象による線引き（右記⑴）やコミュニケーションの様式による線引き（右記⑵）をも同時に含んでいるという多次元性にある。そのために、一方でこれを用いた記述は、一見するときわめて具体的で鮮明な像を結ぶように見えるとともに、他方でその鮮明さはより解像度を上げようとしたとたん輪郭を曖昧にしていくところがある。

一見すると鮮明だがよく見ると曖昧だというこの両義性が、マスメディアを中心としてオタクについての気軽な語りを増殖させた要因の一つであるように思われる。そしてそのような語りの増殖の中で若者のアイデンティティについても一定の語り方が浮かび上がってくる。若者のアイデンティティにとってオタクが重要なキーワードになっていくのは、そのような曖昧さと饒舌さの相互増幅的な循環を通してのことであった。

先取りする形でいえば、若者のアイデンティティに関する語り方は、1980年代の消費社会論的なそれから1990年代のコミュニケーション論的なそれへと転換していく。すなわち何をどのように消費しているのかによって自己を提示するという側面に力点をおいたアイデンティティ論から、コミュニケーション（特に友人間のコミュニケーション）のあり方に大きな規定要因を見いだすアイデンティティ論への転換である。

このような転換の結果として、オタクが消費するとされる対象は様々なものへと拡大していくし、コミュニケーションの特性は人格に由来するものというよりはある種の文化や作法として捉えられるようになっていく。どのようなものを消費しているのかということや、どのような人格であるのかということは、オタクをオタクたらしめる定義要件としての有効性を徐々に失い、どんな対象についてもオタクであることが可能であり、どのような人格であってもオタクとなりえる。オタクの輪郭は限りなく曖昧化していき、その語りの中で達成される事柄も、それを自分たちから切り離したり、非難したり、理由を問いつめたり、といったことではなくなっていく。本章で確認していきたいのはそのような変化である。そこでまずは1990年代のオタク語りをいくつか見てみることにしよう。

## 3　コミュニケーションの失調としてのオタク

### 中島梓：コミュニケーション不全症候群

1990年代の前半に書かれたオタク論の中で最も影響力のあったものの一つが中島梓の『コミュニケーション不全症候群』（中島［1991］）であったこと、これについてあまり異論はないだろう。中島は、栗本薫の名前で『グイン・サーガ』などのファンタジー作品を執筆するとともに、いわゆる「やおい」やＢＬの源流ともいわれる耽美系小説の書き手でもあった。その意味で彼女自身がオタク系文化の中心にいたのであり、評論家としての彼女のオタク論は内側の視点から書かれたものといってよい。

『コミュニケーション不全症候群』というタイトルが示す通り、この本は当時スキャンダラスに取り上げられていたオタクという現象をコミュニケーションの病理として捉え直そうとするものであった。その病理がどのようなものか、骨格だけ押さえておくなら次のようになる。

通常、人間は周囲の人間に対して、同じ人間として最低限の気を遣うものだ。人間はモノや他の動物とは違うのであり、例えば歩いていてすれ違うときには相手にぶつからないように独特の配慮をせずにはいられないものだ。しかし中島の見るところ、最近の（というのは１９９０年代初頭のということだが）若者は、自分が親しくしている仲間以外の他人に対してはまるでモノであるかのように扱う傾向を示し始めている。例えば、雨の日に傘をさして歩いている人同士がすれ違うときには、傘がお互いに触れないように気をつけるものだが、そのような配慮が若者の間で衰退しつつあるのではないかというのである。かといって彼らがすべての他人をモノのように扱うかというとそういうわけではなく、親しい間柄ではむしろ過剰なほどに気を遣い合う様子さえ見受けられる。このような独特のアンバランスこそ中島が「コミュニケーション不全症候群」と呼んだものである。やや定義風に述べた彼女の言葉を引用してみる。

一、他人のことが考えられない、つまり想像力の欠如。
二、知合いになるとそれがまったく変ってしまう。つまり自分の視野に入ってくる人間しか「人間」として認められない。
三、さまざまな不適応の形があるが、基本的にそれはすべて人間関係に対する適応過剰ないし適応不能、つまり岸田秀のいうところの対人知覚障害として発現する。
——といった特徴がある。(中島［1991:29］)

中島いわく、このような態度は「決して特殊な精神的症状のことではなくて、むしろ現代にきわめて特徴的な精神状況のこと」なのである(中島［1991:29］)。一方における狭い仲間集団内部での過剰な気遣いと同調性、他方における見知らぬ他者に対する気遣いの極端な欠落。この二つのコントラストを若者の特徴と見なす語り口のいわば原型を中島の議論は提供した。この語り口は、以後、様々な形で繰り返されることになる。

例えば、宮台真司が「仲間以外はみな風景」という魅力的な惹句を提起したときに持っていた若者への見立ては中島のそれと遠いものではなかっただろう(宮台［1997］)。社会学者の土井隆義は、もう少し散文的に、しかしそれゆえにより説得的に同じロジックを展開してみせている(土井［2008］)。すなわち土井によれば、友人関係を律する共有された枠や規範が衰弱してしまったため、今日の若者たちはその場の空気を読み、互いの気持ちを察し合いつつ自らの振る舞いを最適化しようとつねに心を砕いている。そこに自らのエネルギーを傾注するあまり、

友人関係の外に出てしまうと、見知らぬ他人に気を遣うだけの余力が残っていないのだという。(1)

これに対して中島自身の「病因論」はもう少し文明論的というか生物学的なものである。いわく、今日の日本社会はあまりにも多くの人間を高密度で集中させているがゆえに一人一人の人が自分自身の領域として持ちうる範囲は極度に狭まってきている。

どこにも「私の場所」「私だけのための場所」はない。劇場の椅子のように、相撲のさじきのように、ただこの最小限、かろうじて生存ぎりぎりというだけのスペースだけが「私にゆるされた場所」である。それはなにしろ最小限なのだから、ごくささいな伸張さえあれば、たちまちにしてオーバーフローする。家族のなかでもオーバーフローするし、外の世界へもオーバーフローする。（中島［1991:42-43］）

人々はみなこのつつましい自分の場所を守るのに必死なのだ。とてもではないが自分と無関係な他者の場所についてまで配慮している余裕などありはしない。

そしてオタクとは、中島の見るところ、このような「症候群」の最も先端的な形態として理解すべきものである。というのも彼らは、ますます狭まっていく世界の中で最も合理的なやり方で自分たちの居場所を最小化することに成功しているからだ。そのやり方を象徴するのが彼らがいつでも——と中島はいうのだが——持ち運んでいる紙袋だ。その中にぎっしりと詰め込まれた「いつも見慣れた愛読しているマンガ、かえってから見ようと楽しみにしているアニメビデオ、やっと手にいれた新刊の話題の本、といった品々」は、彼らの自我を外界から防護してくれる「殻」なのである（中島［1991:38-39］）。

このような殻で自らを隙間なく覆うことによってオタクたちは、どこにいても「私の場所」を確保することができる。彼らのやり方は、自分たちの場所を持ち運び可能なまでに圧縮することによって、外部のどのような環境に対しても適応可能であるという点できわめて合理的である。

彼らの精神構造はしたがってカタツムリ的なのであると中島はいう。カタツムリが自分を守る殻をあたかも持ち運び可能な家のようなものとしてその身に背負うように、オタクたちは自分たちが安全でいられる家のようなものとして様々なものを詰め込んだ紙袋を携える。彼らがお互いのことを「オタク」と呼び合っているのはしたがって実に理にかなったことである。彼らは、家の中からもう一つの家へと呼びかけているのであるから。本来であれば、このような「自我の外殻」はモノに頼ることなく形成されるべきものであるが、オタクは「殻の固くなりそこねたカニ」のように、自前の殻の代替品を自分の外に必要としていると中島はいう。

ところで、その彼らの家が何からできているかというと、作品あるいは商品として流通する様々な虚構である。オタクはしばしば彼らの愛する作品を素材とした二次創作に熱中するのだが、それは元の作品をいわば私物化して、自らの殻へと作り替えていく作業でもあるわけだ。中島のやや辛辣な言い方を借りるならば、彼らは自分を守るだけ十分に強い幻想を自力で作り出すことができないので、他人が作り出した虚構空間に「とりつく」という形をとることしかできないのである（中島［1991:53］）。マンガやアニメなどへの耽溺は、単なる偶発的な好き嫌いの水準を超えた必然性を持っていると中島は考えたわけだ。

オタク語りの中に混在している三つの次元を前節であげておいたが、中島の語り方はそれらをいわば模範解答的ともいうべきやり方で組み込んでいた。すなわち、まずオタクをコミュニケーションの問題として主題化する（コミュニケーションの次元）。次いで、そのコミュニケーションのあり方を彼らの独特な人格構造に帰着させた上で（人格類型の次元）、それが必然的にあるタイプの商品の消費に結びついていく（消費の次元）とする。中島のオタク論が広く受け入れられ、ある種の標準形の位置を占めるようになるのも、これを考えるともっともなことに思える。当時、オタクについて語りたいどのような人にとっても中島の議論は使い勝手がよかったのだ。

しかし誰の需要にもそれなりに応えるという便利さゆえに、中島の議論は必ずしもつねに正確に理解されていたとはいいにくい。ここでは二つの点に注意を促しておきたい。第一に、彼女は「オタクは他人とコミュニケーションすることが下手だ」といった類いのことをいわんとしていたのではない、ということだ。いわく、

私の思い浮かべているコミュニケーション不全症候群とは、必ずしも、そのことばから人がただちに思うような、言葉がうまく出なかったり、人と会話を交すのが下手であったり、またそのことに劣等感をもっているような、過去における典型的な「社交下手」とか

「人嫌い」といわれるようなタイプの人間のことではないのである。（中島［1991:31］）

コミュニケーションの上手／下手ではなく、コミュニケーションのやり方の変化を彼女は問題にしている。そもそも「オタク」という言葉は、彼らがイベント会場などで見知らぬ相手に声をかけるときの呼び掛けに由来するものだ。ということは、彼らはそういう場所であれば知らない相手にも頻繁に声をかけてしまうような能動的コミュニケーションの主体であるということを含意している。これを単純に「社交下手」とか「人嫌い」といってしまってはたしかに何か重要なものを取り逃がす。むしろある側面（例えば趣味の仲間内）においては彼らのコミュニケーションは過剰なほどであり、それが他の側面（例えば公共的な空間）での彼らのコミュニケーション（他者への気遣い）の過少さと際立った対照をなしてしまう、そのアンバランスにこそ「コミュニケーション不全症候群」という呼び名は向けられている。

第二に、「症候群」という言葉から連想されるものとは反対に、彼女は「コミュニケーション不全症候群」を治癒可能な病とは見ていないということだ。また「病」の比喩がしばしば含意する道徳的な非難をも彼女は意図していない。中島にとってそれは、現代社会の構造的な変動に対する適応なのである。やや適応が行き過ぎていることによってオタクが目立った存在になってしまっているとはいえ。それゆえ、「正常」や「健全」に戻ろうとしてもそもそもそれへの適応が「正常」「健全」であったはずの社会的現実はもはや存在しない。また、道徳的非難は個人の選択の自由を前提にしているものである。「別様にもできたのにあえてそのようにした」という自由な選択があるところでのみ道徳的な意味での責任を問うことが可能になるのだから。これに対して中島のいう症候群は自由な選択というよりは構造的に強いられた適応というべきものであるから、道徳的な責任追及の入り込む余地はない。それどころか「病」というよりは「進化」に近いイメージさえ中島は抱いているようだ。実際、彼女は、オタクの適応過程を「ネアンデルタール人からクロマニヨン人への変換にも匹敵する基本的な、生物としての変異である」と述べているのである（中島［1991:40］）。

本章のはじめに触れた連続幼女誘拐殺人事件の犯人は、これらの点に照らしていえばオタクとはいえない、と中島は考える。オタクたちは既成の社会とは別の形ではあるが一定の社会を作り出し、その中でつながりあっている。その意味でいえば、彼らは虚構をよりしろにしているとはいえ、十分に社会的なのである。むしろ別種の社会を緩衝材とすることで、既成の社会に対しても適応しているとさえいえる。M青年の場合、既成の社会から疎外されていたのみならず、そういうオタク的な社会にさえ加わることができなかった。大塚英志同様、中島の目から見ても、M青年はそのコミュニケーションのあり方においてオタクであることに失敗していたということになる。

中島はこのような見立てをはっきりとこの本の中に書いているのだが、にもかかわらず、彼女のオタク論はM青年のような人々について説明するものだと受け止められ、M青年こそオタクの典型であるという見方を強めることにさえなった。虚構への耽溺、特異な人格構造に光が当たる一方、コミュニケーション様式についてはその過少さの方にのみ注意が向けられていたわけだ。

## 宮台真司：オタクと新人類

同じ時期に中島と同様、コミュニケーションに注目してオタクを分析した社会学者に宮台真司がいる。宮台はまずオタク的なものと新人類的なものとが1970年代後半に渾然一体となった形で現れてきたものであることを指摘した。オタク的な趣味とオシャレな（新人類的な）趣味とが同じ人間の中で同居していたり、同じ遊び仲間の中にオタク的な人々とオシャレな人々が混在していたりする、そういうことが珍しくなかった時期があった。このような文化の担い手を宮台は原新人類＝原オタクと呼ぶ。

オタクと新人類とが、例えばネクラ／ネアカ、ダサイ／オシャレ等々といった様々な区別によって対照的なものと捉えられるのがふつうであった中、両者がその「発生」において母胎を共有していたという彼の指摘は画期的なものであった。前節で確認した三つの次元との関わりでこの指摘の含意を確認しておけば次のようになろう。第一に消費の次元についていえば、オタク的な消費をしているものと新人類的な消費をしているものとが同じグループに属していたわけだから、これはオタク／新人類を分化させる決定的な要因ではあり得ない。第二に人格類型の次元についても同じことがいえる。同じ人間がオタク的な趣味と新人類的なそれとに同時に深く関わっていたというのだから、特定の人格類型が二つの趣味を分化させているわけではないということになろう。

では何が両者を分けることになるのだろうか。あるいはこう問うてもよい。共通の母胎から産み落とされたオタクと新人類は、なぜこれほど短期間でお互いにこれほど遠いものになってしまったのであろうか。ここで重要になってくるのがコミュニケーションの次元なのである。

宮台の説明はこうだ。原新人類＝原オタクにおいては混在していた二つの趣味が、後続の世代においてはコミュニケーションスキルの高低と結びついて分化していくことになる。単純化していえば、対人関係が得意な人間が新人類文化を選び、それが不得意な人間がオタク文化を選ぶという形で集団としての分化が進んでいくというわけだ。ここで対人関係が不得意であることとオタク文化が結びつけられているのは、単なる憶測ではなく、彼自身がいくどか実施した若者文化についての調査の結果を参照しつつ導きだされた結論だ。

すなわち、自分自身をとりまく環境の不透明性（意味の見いだしにくさ）を対人関係において解消することのできない人々がオタク的文化に親和的であるというのである。対人関係を得意とする人々が新人類文化を駆使し、周囲の人々とのコミュニケーションを通して環境を意味づけていくのに対して、対人関係を不得意とし、新人類文化という戦略を用いることのできない人々は、どうやら代わりにオタク文化が提供する虚構の世界へ耽溺することによって不透明な環境から身を守るという戦略をとるらしい、と宮台は考えた。

対人関係のスキルのようにある敷居の高いやり方に対して、それができない人が代わりに用いがちなより敷居の低いやり方を宮台は救済コードと呼んだ。原新人類＝原オタクにおいては重なり合っていた人格やグループは、後続世代においては、対人関係能力の高低によって、新人類文化が敷居の高い戦略へ、オタク文化が救済コードへと階層化される。やがて両者は人格類型と重なり合う形で分化していくことになる。いわく、

こうしてそれぞれフォロワーにまで拡大した「新人類文化」と「オタク文化」は、同時に人格類型の分化——対人関係が得意な人間／不得意な人間——とかさなるようになる。ここにみられるのは、「新人類文化」がフォロワーへとひろがればひろがるほど、救済コードとしての「オタク文化」のフォロワーもますます拡大し、「文化類型が同時に人格類型とかさなりをみせる事態」が加速度的にひろがっていくという関係である。（宮台［1994: 165］）

こうした観点からみれば、本章冒頭で紹介した中森明夫のオタクバッシングがどのようなスタンスからなされていたのかは明らかだろうと宮台はいう。文化の類型が対人関係の能力を介して人格類型と重なり合っていく中、原新人類＝原オタクは、救済コードとしてのオタク文化にすがるほかなかった後続世代のフォロワーたちから自分たちを差異化しようとする誘惑にかられる。このようなオタクのリーダーからフォロワーへの差異化の試みこそが中森の動きに象徴されるような「オタク差別」であった。実際、中森が当のコラムを連載していたのは当時のオタク文化を凝縮したような雑誌であり、中森自身がその文化の一部をなしていたというべきであろう。彼のオタクへの揶揄は、オタク文化の外側に立つ視点からなされたものというより

は、それ自体がオタク文化に属する視点からなされたものであった。「オタクの階級闘争」と宮台が呼んだのはそのような事態を指してのことであった（宮台［1994→2006］）。

新人類について宮台が指摘していることにも目を向けておこう。いわゆる新人類の特徴は高い対人関係能力を発揮するやり方として消費を選んだという点にある。商品をコミュニケーションのメディアとして扱う彼らの流儀は、消費社会という文脈においては環境の不透明性を縮減する上で高い有用性を示した。このことは同時に消費、対人関係能力および人格類型がそれぞれ別の次元であることを意味してもいる。オタクと新人類という二つの文化は、ある時期以降、人格類型と重なり合いながら分化していったためにあたかも人格類型における区別であるように見える。しかし、対人関係能力や消費様式がこれら二つの人格類型に結びつくのは歴史的な偶然に過ぎない。例えばこれらの二つのグループは、１９６０年代後半にはそれぞれまったく異なった行動をとっていただろうと宮台はいう。１９８０年代には旺盛な消費の主体となっていた新人類的な若者たちは、もし１９６０年代後半の社会的文脈の下におかれたなら政治的な活動に誰よりも積極的に関わっていた可能性が高いということだ（宮台［1994:184］）。

宮台の議論も、中島のそれとは違った形ではあるが、オタク論の三つの次元を区別した上で整合的に組み合わせるものとなっている。すなわち、まず消費の次元において新人類的なオシャレな消費をするのか、メディアの提供する虚構の世界を消費するのかという問題がある（消費の次元）。この分化は、原新人類＝原オタクにおいては必ずしも人格類型と関係するものではないが、後続する世代にこの文化の享受者が増えるに従って、徐々に対人関係能力の高低によって分離が進んでいく（コミュニケーションの次元）。かくして文化の類型は見かけ上、人格の類型と徐々に重なっていくのである（人格類型の次元）。

ここで注意しておく必要があるのは、後続世代のオタクの対人関係能力が低いということが彼らのコミュニケーションの欠如を意味してはいないということだ。宮台が若者文化の島宇宙化という比喩で語っているように、同じ趣味のオタク同士の間ではむしろコミュニケーションは濃密であるとさえいえる。先にも触れた「仲間以外はみな風景」という言葉は、そのような島宇宙の内部の濃密さと外部への無関心の極端な落差を言い表すものであろう。

にもかかわらず宮台の議論もまたオタクをコミュニケーションから遮断された存在として否定的に見なすものとして受け入れられていった。宮台自身の議論にも、オタク文化を救済コードとして用いる人々が「ネクラ的ラガード」と名づけられているなど、そのような読み方を誘発する部分があったとはいえ、その議論が受容される過程で「誤解」はさらに拡大していったように思われる。

## 4　消費からコミュニケーションへ：転轍機としてのオタク

１９９０年代前半を代表する二つのオタク論を紹介してきた。ここで論点を整理しておくことにしよう。第一に、これら二つの議論はいずれもオタクを語る際の三つの次元をいったん分離した上でみごとに組み合わせて構成されているのであるが、中でもコミュニケーションの次元が決定的に重要な役割を果たしていると考える点で共通性を持つ。新人類的な自己が商品の消費の仕方によってアイデンティティを表示すると考えられていたのに対して、オタク的な自己はコミュニケーションの問題として自分たちの特徴を示すと考えられていたわけだ。

第二に、これら二つの議論はいずれもオタクがコミュニケーションを遮断した存在ではないということを前提にしているのだが、にもかかわらずそれがメディアを通して流通する過程である種のデフォルメを受け、オタク＝コミュニケーションの欠如という像が形成されていった。つまり、一方で語り口の重心が消費からコミュニケーションへと移動しつつあったのに対して、他方でそのコミュニケーションはそれが欠如しているという形でもっぱら問題化される傾向があったということだ。

考えてみれば、１９８０年代の消費、いわゆる新人類的なそれもまたコミュニケーションであった。自分たちが何者であるのかを商品やその消費の仕方を通して提示し合っていたのだから。商品はそのようなコミュニケーションのためのメディアであって、だからこそ「記号としての消費」といった類いの語り方が独特のリアリティを持っていたのである。つまり１９８０年代型消費社会における自己提示の形式は、商品の消費とコミュニケーションという二つの焦点を持っており、そのうち前者が前景化するような構造を持っていた。それに対して、商品消費の要素が徐々に後退して、逆に後者が顕在化していく過程の中でオタクという形象が浮上してくる。

とするとオタクはこの転換のいわば蝶番《ちょうつがい》の位置を占めていたということができる。一方においてオタクは消費対象と人格類型との組み合わせによって思い描かれるようなものであり、消費に照準した1980年代型のアイデンティティ論になじみのよいものである。他方においてオタクはコミュニケーション様式と人格類型との組み合わせによっても思い描かれる。これはコミュニケーション様式に着目する1990年代以降のアイデンティティ論となじみがよい。つまりオタクのイメージはその内部に三つの軸を共在させていたがゆえに、消費社会論からコミュニケーション論へアイデンティティ論を橋渡しするいわば転轍機《てんてつき》の役割を果たしたのである。中島や宮台の議論はこの橋渡しによる移行の初期的な試みであったということができそうである。しかしコミュニケーション論への移行は、その読み手からはむしろコミュニケーションの欠如として読み替えられてしまうようなある種の歪みをもともなっていた。

この歪みは2004年の『電車男』のヒットに象徴されるオタクイメージの書き換えまで長く続くことになる。このイメージ書き換えの背後にあったのは、旺盛な消費者としてのオタクの再発見であったろう。消費からコミュニケーションへの軸の移動が、消費の軸に依拠する再評価によってようやく歪みなしに見られるようになるとは何とも皮肉なことではある。

実はこのような重心の移動とそれにともなうバイアスは、オタクに限らず、この時期以降の若者全体のある種の変化とそれを見る大人の側の視点の変化に広く見られるものだ。というよりもオタクとそれに関わる様々な語りは、そのような変化を凝縮して表現したものとさえいえるかもしれない。

そこで次章では、その若者全体に起こった変化とそれに向けられた大人の側からの視線のずれについて見ていくことにしよう。

## 注

（1）これらの議論は親密な人々への気遣いが見知らぬ他人への気遣いとトレードオフの関係にあるということを主張していると読むことができる。だがいくつかの調査データを見る限り、若者においても、これら二つの気遣いはあいともなうものであることがわかる。つまり、親密な相手に気を遣いがちな若者は、見知らぬ他人にも気を遣いがちであるということだ。中島以後繰り返された、身近な他人への過剰な気遣いと、それゆえの見知らぬ他人への無関心という筋立ては、実証的にはあまり支持されないことに注意しておこう。

# 第5章

# コミュニケーションの過少と過剰

## 1　自閉主義

前章ではオタクについての議論に注目することで、若者のアイデンティティを論じる枠組が消費を軸にしたものからコミュニケーションを軸にしたそれへと移行していくと論じた。そしてこの移行がオタクと呼ばれた一部の若者にのみ関わるものではなく、若者全般の変化とそれに向けられた大人の視線のあり方に関わるものであるとも指摘した。本章ではこの点をもう少し立ち入って見ていくことにする。

前章の議論から引き出し得る問題が二つある。それをまずは確認しておこう。第一の問題は、なぜオタクを見る大人の視線はオタクたちの活発なコミュニケーションを見落としてしまうのかというものだ。オタクたちは、ある意味ではきわめて積極的にコミュニケーションに関わっているのであり、例えば名づけ親とされる中森明夫の文章からさえそれはうかがわれる。彼らは、共有する趣味以外に特に接点のない、その意味では見知らぬ他人との間でさかんにコミュニケーションを行なっているのである。

例えば経済学者の稲葉振一郎は、オタクがそのコミュニケーションを通して独特の公共性を立ち上げるとさえ論じている（稲葉［2008］）。すなわち、ゲームやアニメのキャラに対する彼らの愛と、その愛を仲立ちにして取り結ばれる彼ら同士の諸関係が、見知らぬ他人、思い通りにならない他人とつきあうための作法としての公共性を生み出す可能性があるではないか、というのである。

実際、彼らの中でも最も熱心な人々がコミケのような大規模なイベントを実施し、管理し、またそこへサークル単位で参加しているのだという事実にあらためて注意を向けておこう。そのようなことがコミュニケーションをとれない者たちに可能であるとは考えにくい。にもかかわらず、彼らは、コミュニケーション全般から撤退した存在であるかのように見なされるようになった。

前章でも触れた連続幼女誘拐殺人事件の犯人のことをここで思い出してほしい。中島梓も大塚英志も、彼は「オタクではない」と明言していたにもかかわらず、マスメディアは彼をオタクの代表として扱い続けた。コミュニケーションが全般的に苦手で、引きこもりがちな若者こそがオタクであるという彼らの型にはまったイメージに犯人の青年がぴたりと当てはまったからであろう。もちろんこれはマスメディアに限った話ではない。メディアは受け手の期待を反映する。マスメディアによってオタクのことを見聞きする多くの人々も、当時、そのようなオタク像を欲していた（少なくともマスメディアの側はそのように考えた）からこそ、そのようなイメージが執拗に反復されたのである。

第二の問題は、そもそもなにゆえこの時期にコミュニケーション論の枠組が、若者のアイデンティティを語るための枠組として浮上してくるのかというものだ。あれほど消費社会論の枠組の中で語られてきた若者が、なにゆえコミュニケーション論の枠組の中に置き直されていくのか。考えてみると、オタクについての語り口にも消費を軸にしたものがあった。例えば１９８０年代末の大塚英志がオタク系サブカルチャーにおける二次創作について論じていたのは、消費社会論の文脈においてであった（大塚［1989］、ちなみにこの本が出版されたのは連続幼女誘拐殺人事件の容疑者逮捕の直前である）。そのような文脈に依拠し続けていれば、オタクはむしろ消費の旺盛さによってこそ主題化されていた可能性が高く（実際２０００年代後半以降そのようなオタク像が前景化してくる）、あれほどまでにコミュニケーションの欠如として主題化されることもなかったであろう。

少々あとの話を先取りしていえば、２０００年代の後半以降、若者は再度、消費と結びつけて論じられるようになる。しかし今度は消費社会的な作法をなくしてしまったものとして、それゆえに企業にとっての悩みの種として登場するのである。いわく、若者は海外旅行をしなくなった、お酒を飲まなくなった、車を買わなくなった。あるいは草食系だとか嫌消費だとか。消費社会的な振る舞い方を基準にしてその反転像として若者を描き出す語り口が広く見られるようになる。この間、すなわち若者を語る軸が消費からコミュニケーションに移り、その後、消費社会の反転像として登場してくるまでの間に何が起こったのか。

これらの問題を考えるための補助線として、１９９０年代初頭に提起されたアイデンティティ論、あるいはより正確にいえば脱アイデンティティ論をもう一つここで紹介しておきたい。この議論は社会学者とその周辺においては注目されたものの、前章で紹介した中島梓や宮台真司の議論ほど一般の人々の間で知られていたわけではない。だが今から振り返ってみると、その後のアイデンティティの変容を先取りする指摘を含んでおり、今なお参照するに値するものである。その議論とは、社会学者の天野義智による「自閉主義」論だ。

天野は、先進諸社会において互いに増幅しながら進行する情報社会化と消費社会化とが古典近代的な自己のあり方を溶解させていくと論じた（天野［1992］）。

すなわち、第一に権威への従属を土台として自己規律を内面化していくような自己形成過程が解体していく。自分自身の振る舞い方や人生の進路を自分自身でコントロールするという自律的な自己のあり方は、しばしば近代的主体と呼ばれる。この自律は、しかし、その起源においては自分自身の外側に立つ権威への従属である。外的な権威が自分をコントロールする、この権威―自己という関係を自分の内側に取り込むことにより、自己が自己自身を律するという回路が形成される。近代的主体とは、この回路を埋め込まれた自己のあり方のことなのである。

このような自己形成の典型あるいは原型は、フロイトが近代家族に見いだしたエディプス的な三角関係だ。息子と母親の融合を禁止する父親の命令を内面化することで自律的な自己が形成されるというフロイトのモデルは、人間の精神の構造についての普遍的モデルであるというよりは、古典的な近代社会の人間のあり方を反映したものであると考えるべきであろうと天野はいう。そして今日の先進諸社会で溶解しつつあるのはそのようなモデルであるのだ、と。

第二にこのような自己規律の弛緩は、ライフスタイルにおける脱労働の動きと表裏一体である。もともと自分自身を律するという回路が古典近代において必要とされたのは、そのような回路によって欲望の充足を限りなく遠くへと遅延し、禁欲的に労働する人々を産業社会が大量に必要としていたからであった。その労働の場として想定されていたのは各種の工場であり、製造業を中心とする社会に適合的なライフスタイルとしてそれは広く受容されていたのである。

しかし、生活の中心が工場労働に代表される生産から消費へと移行するにつれて、欲望の即時的な充足が許容されるようになっていく。あるいは消費社会的な展開をとげた企業の側からすれば、その都度の欲望に忠実に多種多様な商品を購入してくれる消費者はむしろきわめて好ましいものとなる。次第に禁欲と労働は後退し、快適さと快楽の追求が前景化していく。古典近代的な社会が工場労働者として適合的な主体を必要としていたのだとしたら、消費社会化・情報社会化が進んだ今日の先進資本主義諸社会において必要とされるのは、主体としての規律が弛緩した消費者なのである。

天野が「自閉主義」と呼ぶライフスタイルは、このような自己規律型の主体の弛緩と脱労働化との果てに徐々に顕在化していくものだ。そのライフスタイルを自閉主義と呼ぶのは、他者との関係から撤退していこうとする志向性をそれが含み持つからだ。この志向性の現れ方の違いに即して、天野は二つの主な型に分かれるという。一つは、限られた親しい他者との関係をのみ受け入れ、あたかも繭を作るかのようにその関係の中に閉じようとするもの。彼はこれを「繭化体」と呼ぶ。もう一つは、どのような同一性にも自分自身をつなぎ止めることを拒否し、そのようなつなぎ止めをもたらすおそれのあるあらゆる固定的な関係から逃れ、つねに移動し続けようとするもの。彼はそれを「独身者の機械」と呼んでいる。

それぞれもう少し詳しく見ておこう。まず「繭化体」の核心には真に愛する人との関係のみを深く享受しようとする欲望、そしてそのためにその他の様々な他者との関係を拒絶しようとする態度がある。少し長くなるが、天野自身の言葉を引用してみよう。

繭化体の欲望は、自己の限られた領域にユートピアを求める。自己はその「繭」の中でのみ歓びを得ながら、みずからの思う力によって、深く愛する特別な印象との関係を結ぶ。このために、限られた関係にのみ開かれたメディアを通じて想像の糸を伸ばし、特定の恋人や親族などの相手とだけ双数の楕円を形成する。自己はこの限られた関係のみを深くうけいれ、その外部との関係を拒みながら、閉域の内部にとどまろうとする。そして繭糸のようにとめどなく紡ぐ想像の糸で、自己と愛の対象とを、ともにこの紡錘の内部に巻き込んでいく。このような想像的な双数の関係が、つねに繭化体の欲望を彩る。（天野[1992:15]）

深く愛する人とのこの上なく深い関係と、その外部にある諸関係の拒絶。この対比がこのタイプの自閉を特徴づける。

他方、「独身者の機械」——それは芸術家マルセル・デュシャンのある作品を念頭において与えられた名前なのだが——の核心には、特定の同一性にとらわれることから逃れ続ける運動への欲望がある。何者かとして固定的なアイデンティティを与えられ、その上にピン留めされてしまうことに耐えられない人々の欲望がこのライフスタイルを支える。彼らとてアイデンティティを求めないわけではないし、自己が完全に解体し、断片化することにおそれを感じないわけでもない。しかし「潜在的な欲望によって、その存在は抗いがたく異化の方へ押しやられていく」のである（天野［1992:24］）。天野は次のようにいう。

このことから、独身者の孤立の意味もあきらかになる。独身者は固定的な社会領域に組み込まれることをすべて桎梏と感じ、それを逃れようとする。自己をつらぬく異化への欲望は、固定的な関係への組み込みを障害としてうけとめる。（天野［1992:24］）

彼らの孤立は、彼ら自身によって選び取られたものだ。独身者たちにとって、他者との間で深い関係を結び、お互いを理解しあうことは、ある同一性へとピン留めされることにほかならない。そのような関係は彼を固定する足かせとしか感じられないゆえに、彼は他者たちから逃れ続ける。

繭化体にせよ独身者の機械にせよ、その生き方は、いずれも工場労働に象徴されるような近代的な主体のあり方から決定的に逸脱している。そのため生産主義的な社会の中では彼らは周辺化され寄生的に生きていくことを余儀なくされるであろう。実際、天野がこれらの生き方の源流としてあげるいく人かの著作家たちはみなそのような周辺的な位置を占めている。例えば、繭化体の典型的な例として論じられたジャン＝ジャック・ルソーがサン・ピエール島にひっそりと住まい、自然との融合に慰めを求めたように。あるいは独身者の機械の典型として取り上げられたフランツ・カフカが官僚機構の中に身をおきながら自らを世捨て人あるいは寄生者と呼んだように。

だがこのような生の様式は、資本主義が自らをより徹底させていく過程でむしろ誰にでもとりうる選択肢として浮上してくることになると天野はいう。伏流として存在してきたある生き方の系譜（ルソーからカフカ、プルーストへ）が、消費社会化と情報社会化とによって地上に滲み出し、今や顕在化した流れになろうとしている。これが天野の見立てである。どういうことか。

まず資本主義の高度化にともなって産業構造が変化し、配備される労働の重点が変化していく。かつてモノの生産に厚く配備されていた労働力は、情報・イメージ・対人関係などの商品を扱う場面へと再配備されていく。モノの生産にあたる労働が、工場に代表されるような組織への組み込みを前提にし、禁欲的で固定的な関係を生きるように要求するのに対して、情報・イメージ・対人関係に携わる労働においては、個人的で享楽的、流動的な関係が優越するようになる。古典近代的な労働規範はこの過程で徐々に崩れていく。天野の見るところ、

> そのなかで、多数の孤立的な自己の生存を許容しうる、生産力の余剰と新たな労働の形態が生じてくる。これが自閉化の重要な条件になる。（天野［1992:35］）

資本主義の高度化、消費社会化は自閉主義的な生き方を誰にでも可能にするための社会経済

的かつ規範的な前提条件を整えたというわけだ。もちろんそれが資本主義の運動の一部として実現されている以上、ある種の限界を抱え込むことは避けられない。天野はその点にも注意を向け、「商品は結局は他者に向けて売り渡されねばならず、みずから自己の価値を十全に肯定することができない」と指摘する。自閉が自律でもあろうとするとき、商品の交換に組み込まれてあることは決定的な制約として立ち現れるのである。とりわけ「商品化の力が自閉化する自己を対象とするとき、この限界は鋭く露呈する」（天野［1992:36］）。労働市場に入り、自分自身が商品として値踏みされるとき、自分自身の領域に閉じようとする志向性は挫折せざるを得ないからだ。

しかしそのような限界を認めた上でなおこのような生き方が多くの人々にとって可能になったことは、深い影響を社会にもたらすものであったと彼はいう。その影響は静かでゆっくりしたものであるかもしれない。実際、繭化体にせよ独身者の機械にせよ、彼らは社会に属さず、いささかも反逆的な振る舞いを見せない。だが彼らの振る舞いは、確実に社会の深部をうがつものでもある。天野はそれについて次のように語る。

だが、その窪みに身をひそめる人々の増加は、もうひとつの自由を模索する異議申し立てでもある。たとえば、学校集団への参加を拒む子どもたちや、固定的な職業への配置を逃れる若い人々の多数化は、これまでの制度に反省と組み替えを求めている。彼らが望み、また拘許す関係の繊細さや自由さにくらべて、多くの関係の実現はあまりに粗雑であり、また拘束的である。彼らは社会を攻撃はしないが、そのなりたちをいったん宙吊りにし、それを疑問に付す。こうして、自閉化はそれまでの関係の制度に変化をうながす契機となる。

（天野［1992:41］）

あたかもこの文章が書かれて数年後に社会的な注目を浴びることになる「フリーター」や「社会的引きこもり」を予見していたかのようである。のみならず後年それらの現象を「問題」としてのみ切り出す視点とは大きく異なった視点がここですでに提示されているともいえる。フリーターにせよ引きこもりにせよ、それを「問題」であると見なす人々は、多かれ少なかれ、社会の現状を前提にした上でそれに対してどのように適応していくべきかという視点をとることが多い。これに対して天野の視点は、むしろフリーター的なもの、引きこもり的なものの側から、社会の現状を変化させていくという可能性もあるのではないかと問いかけるものだ。

もちろんその後の経済状況の変化を考慮に入れれば、事態は天野がいうほど楽観的ではないだろう。「固定的な職業への配置を逃れる」どころかそのような職業につきたくてもつけない若者が大量に現れている今日、「粗雑」であろうと「拘束的」であろうとともかく生計を立てられる職につくことが先決であると考える若者も多いはずだ。しかし、それにもかかわらず彼らの中にこのような自閉への欲望が潜在している可能性に目を向けておくことは重要だ。なぜなら第一に先ほども触れたことだが社会学者やマーケッターたちがやや困惑気味に指摘するように、今日の若者たちは消費に向けたどん欲さを失いつつあり、そのかぎりにおいて消費と労働の資本主義的なサイクルに対して距離をとり始めているように思われるからだ。第二に、今日の若者は親密な領域においてはより純化された形で自閉主義を追求しているようにも見えるからである。そして後者の点こそが、次節の主題となる。

## 2　友人関係の濃密化

話をもう一度オタクに戻そう。そもそもその著作の一つにおいて当時の人気アイドルデュオＷｉｎｋに対して熱烈な謝辞を捧げている天野自身が、アイドルオタクにきわめて近い心性を持っていたように思われる。

実際のところゼロ年代に入ってオタク批評家の本田透が二次元キャラへの没頭こそ純愛であると宣言するとき、それはあたかも繭化体の概念をある意味で純化したもののようにもみえる（本田透［2005］）。それはリアルな世界での恋愛から撤退し、キャラを前にして「みずからの思う力によって、深く愛する特別な印象との関係を結ぶ」（天野［1992:15］）。自己はキャラとの間に特別な関係を育み、「この限られた関係のみを深くうけいれ、その外部との関係を拒みながら、閉域の内部にとどまろうとする」。本田の語るキャラへの没頭を、そのような「想像的な双数の関係」に閉じていく繭化体であると見ることはできないだろうか。

ところで繭化体の中で保たれる関係は、相手が二次元キャラであるか生身の人間であるかにかかわらず、きわめて濃密なものを志向するという点に注目しておこう。オタクの場合であれば、この濃密な愛を媒介として、その対象について熱心に語り合うことそれ自体も濃密な関係を二次的にその対象の周囲に張り巡らすことであろう。そのような二次的な関係も含めて、繭化体としてのオタクは濃密な関係性を志向し、またそのかぎりにおいてコミュニケーションを願うものでもある。

他方で、天野が語る「独身者の機械」は、マスメディアによって一般の人々に普及したオタクのイメージを純化したもののように見える。すなわち、周囲の人々の誰とも親しい関係を結ぼうとせず、自分のアイデンティティが固定されそうになると速やかにその場を逃れていこうとするその姿は、ゼロ年代にいたるまで人々が漠然と共有していたコミュニケーションの不得手な――その意味で「コミュニケーション不全」な――オタクという描像によく一致しているように思われるのである。

だとするとこうはいえないだろうか。天野が描き出した自閉主義の二つの像は、オタクの二つの見え方、現れ方に対応している。すなわち一方にオタクが濃密な関係性を求めているという見え方、他方にオタクが対人関係を忌避しているという見え方があるのだと。考えてみると、中島がコミュニケーション不全症候群と呼んだのも同じような二つの側面の対照であった。すなわち、一方において仲間同士では過剰なまでに気を遣い合ってつきあっている人々が、いったん仲間集団の外に出るとまわりの人々をあたかも人間ではなくモノであるかのように扱う傾向がある、そこに中島は今日の社会の「症候群」を見たのであった。オタクは、彼女の議論においては、その対照を拡大して見せるレンズのような役割を果たしている。しかし「コミュニケーション不全症候群」論は、彼女の周到な注意にもかかわらず、結局は対人関係から逃避して虚構世界に耽溺するオタクというイメージを補強するような形で受け止められることになった。

天野の議論は、オタクという文脈に直接言及するものではないにしても、中島が注目したコントラストを自閉の二つの類型を対比するという形に再構成したものであると見ることができる。二つの側面が、二つの類型として描き出されることでその対称性はより際立ったものへといわば純化されている。そこで光を当てられている特徴は、中島がオタクに見いだしていたものと同型のものであり、かつ若者の間で当時広く見られた傾向を濃縮して見せるものでもある。すなわち一方における濃密な対人関係への志向性、他方における対人関係を忌避しようとする(ように見える)志向性、これである。

そこで若者の人間関係がどのようになってきたのかを調査データを参照しながら確認しておくことにしよう。

仲間以外の人間との関係については定義が漠然としており捉えにくいところがある。まずは比較的イメージしやすい身近な人間関係について見てみる。若者の人間関係の変化ということでいえば、この四半世紀の間に最もはっきりしていることの一つは、1980年代後半以降に友人関係の重要性が上昇したということだ。例えば**図1**、**図2**に示したのは、内閣府が定期的に行なっている世界青年意識調査の結果である(対象は全国の18歳から24歳の男女)。日常生活に

**図1 充実感を感じるとき**[世界青年意識調査]

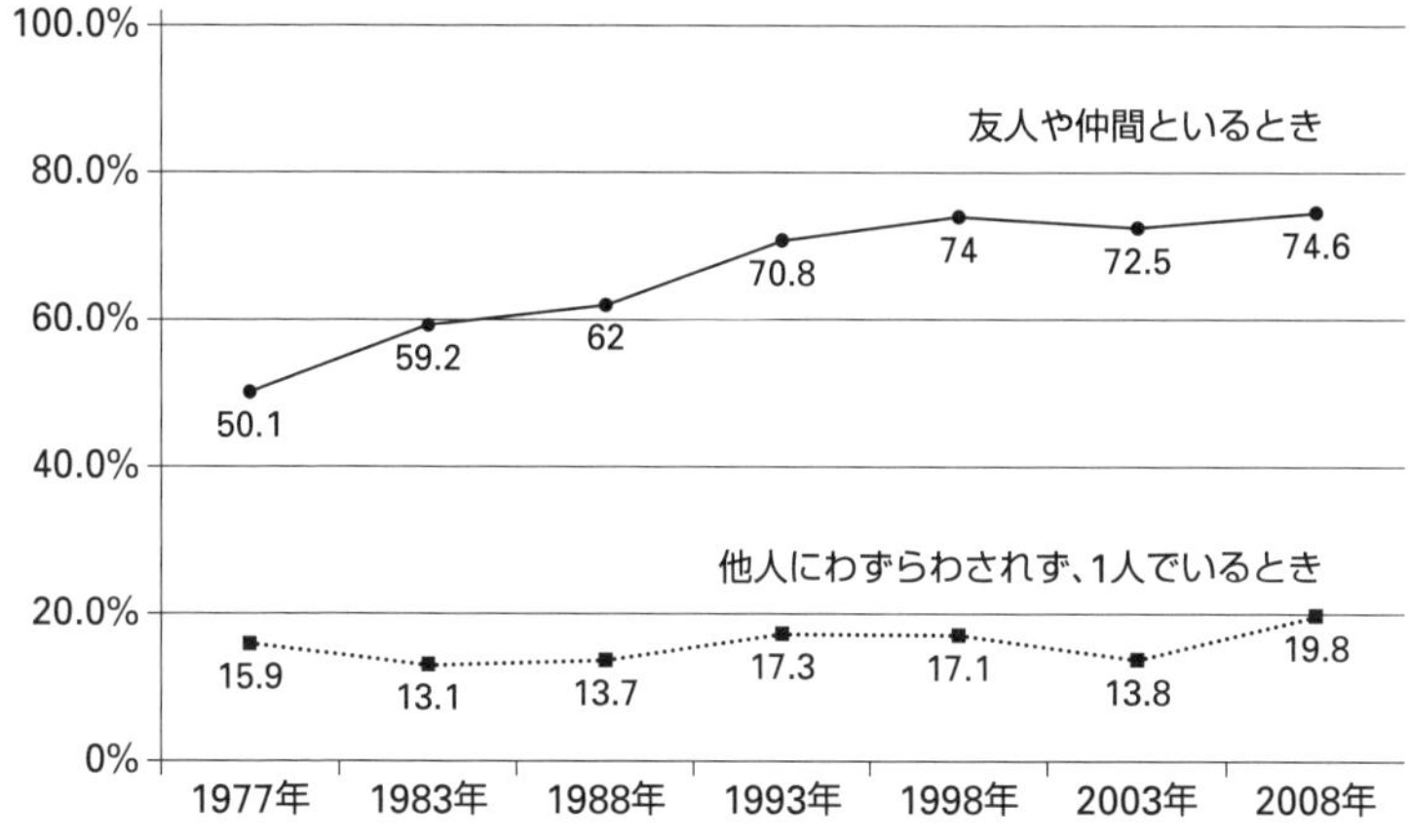


出典：内閣府政策統括官（共生社会政策担当）編『世界の青年との比較からみた日本の青年』p.72

おいて最も充実していると感じるのは友だちといるときであると回答する若者、友人関係に満足していると回答する若者が１９８０年代後半以降、一貫して増大していることが見て取れる。

同じ傾向を学校に通うことの意義について尋ねた質問への回答にもみることができる。すなわち通学の意義を「友だちとの友情を育む」ことにあると回答する若者の比率が、日本においては際立って高い。のみならずこの比率は１９９８年から２００８年にかけての10年間で大きく増加している。友人関係の重要性が上がるにつれ、学校は勉強の場というよりは友人と会う場に変わってきているということだろう。

彼らは、学校が公式に、あるいは建前上において、提供する機能についてはさほど満足しているわけではないのかもしれない。だが、

図2 友人関係の満足度［内閣府・世界青年意識調査］

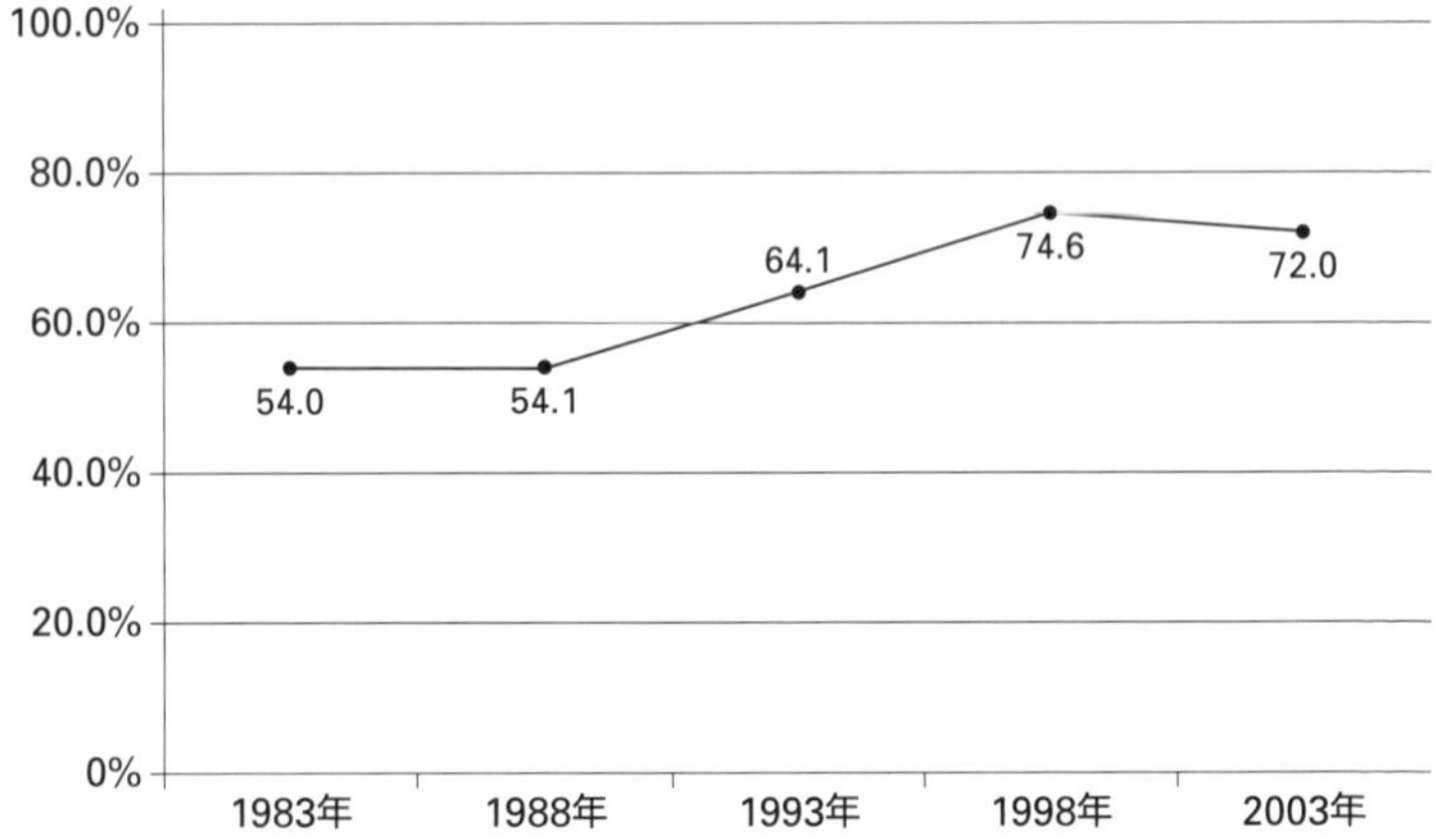


そこでいわば非公式に営まれている親密な人間関係において、深い満足を得ている。そのことが彼らを学校に通うように動機づけるのであろう。

実際、友人などの親密な関係を築く上で学校が果たす役割は、こと日本に限っていえばきわめて大きい。青少年研究会が行なった調査によれば、友人と知り合った場所として圧倒的に多くの若者があげるのが学校なのである（浅野編［2006］）。学校とは、単に知識や技能を身につけたり、資格を取得するための場所であるだけではなく、というよりもしばしばそれ以上に、友人とのつきあいを育て楽しむ場所なのである。もちろん楽しむだけではなく、そういう関係をうまく作れない孤独や疎外感、あるいはそういう関係がうまくいかなくなったときの苦痛やいら立ちを経験する場所ともなるであろう。

ちなみに学級制度がいじめの温床になるという見立てに現実的な根拠があるとしたら、それは、学校が果たすこのような役割のうちに見いだされるであろう。難しいのは、だからといって学級制度を解体したなら、今度は友人を作れない子どもたちが出てきてしまうかもしれないという点だ。学級への半ば強制された所属は、対人関係の不得手な者にとっては、関係作りの格好の口実を提供している。同じ学級に属しているという事実が、関係構築への敷居を誰にとっても平等に大きく下げてくれるのである。これは対人関係能力の底上げともいうべき効果を持つ。この底上げを完全になくし、友人関係を個々人の自由な選択に委ねたなら、対人関係の不得手な者たちは孤立の危険にさらされるであろう[1]。

近年よく話題になる若者の地元志向の背後にも同じように友人関係の重要性の増大を見て取ることができる。**図3**、**図4**に示したのは先ほどと同じく内閣府の「世界青年意識調査」のデータである。**図3**からわかるのは、現在住んでいる地域に愛着を感じている若者（「好きである」「まあ好きである」を合わせたもの）が1990年代以降に増えているということだ。その理由を示しているのが**図4**であり、ここから読み取れるのは、地域への愛着のかなりの部分が友人関係によって説明されそうであるということだ。

この傾向を別の角度から見てみよう。

いわゆるケータイ小説についてその内容や売れ方を詳細に調査した速水健朗は、それがいくつかの際立った特徴を持っていると指摘している（速水［2008］）。第一に、それは東京のような大都市ではなく、地方中小都市を舞台にしている。おそらくはそのことと対応してケータイ

図3　地域社会の愛着度[世界青年意識調査]

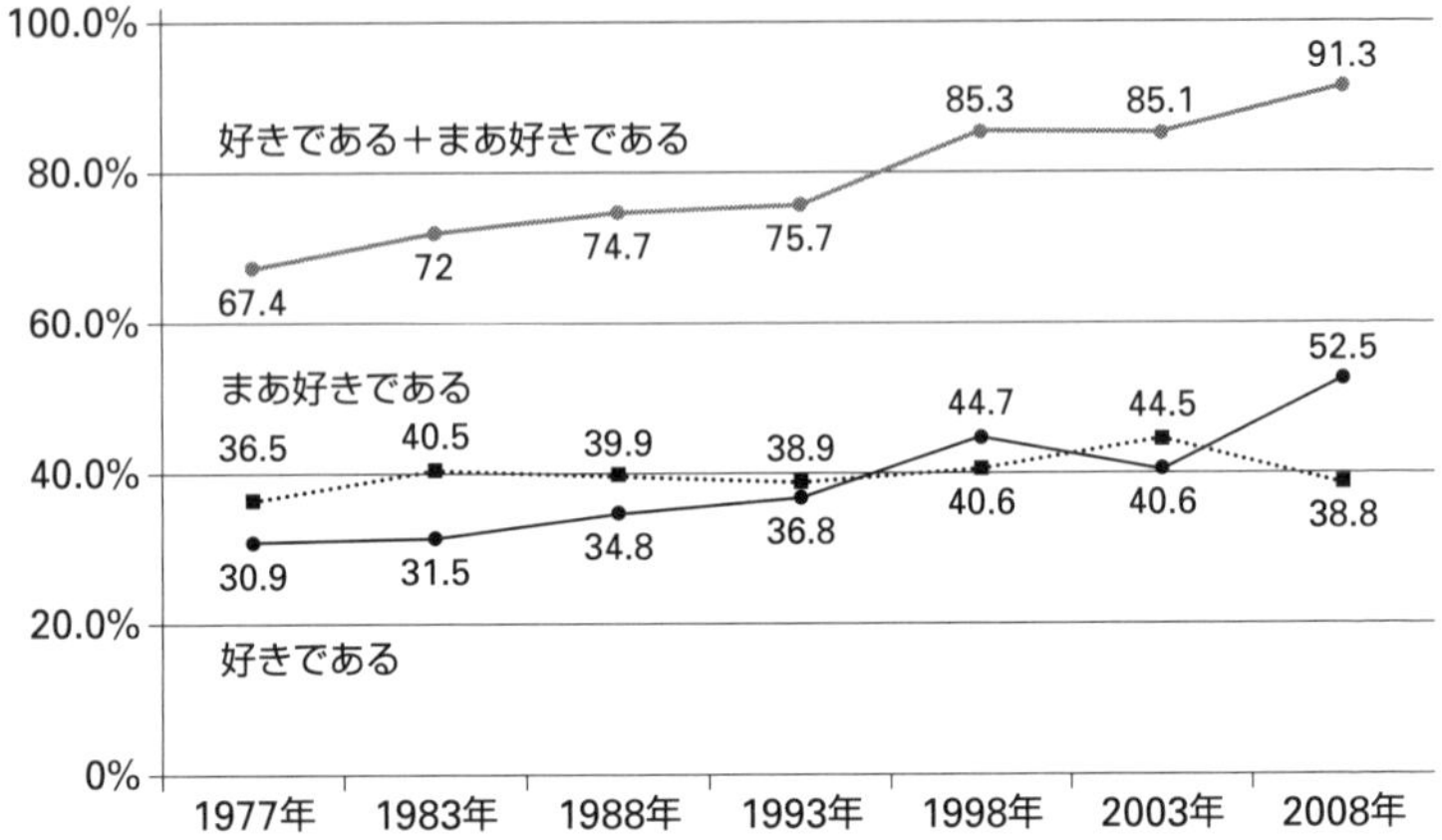


小説の購入者は地方都市により分厚く存在している。第二に、ケータイ小説の中には東京へのあこがれがまったく見られない。また東京に人を引きつけるフックともいうべき様々なカタカナ職業へのあこがれもまったく見られないという。ケータイ小説の作中人物たちは自分たちが生まれ育った地方都市でこれからも生きていくことを当然のこととして前提にしており、描かれる職業的な見通しも実に現実的で堅実なものであると速水は評する。ケータイ小説の中に広がる世界は、いわゆるかつての「トレンディ・ドラマ」などとは対照的に、地元とそこでの友人・仲間関係に自足したものなのである。

このような世界観が地方の中小都市で好んで消費されているという事実は、それを消費する若者たちの生活実態をそれらの作品群がうまくすくい上げている可能性を示唆してい

**図4 地域社会に愛着を持つ理由**［世界青年意識調査］

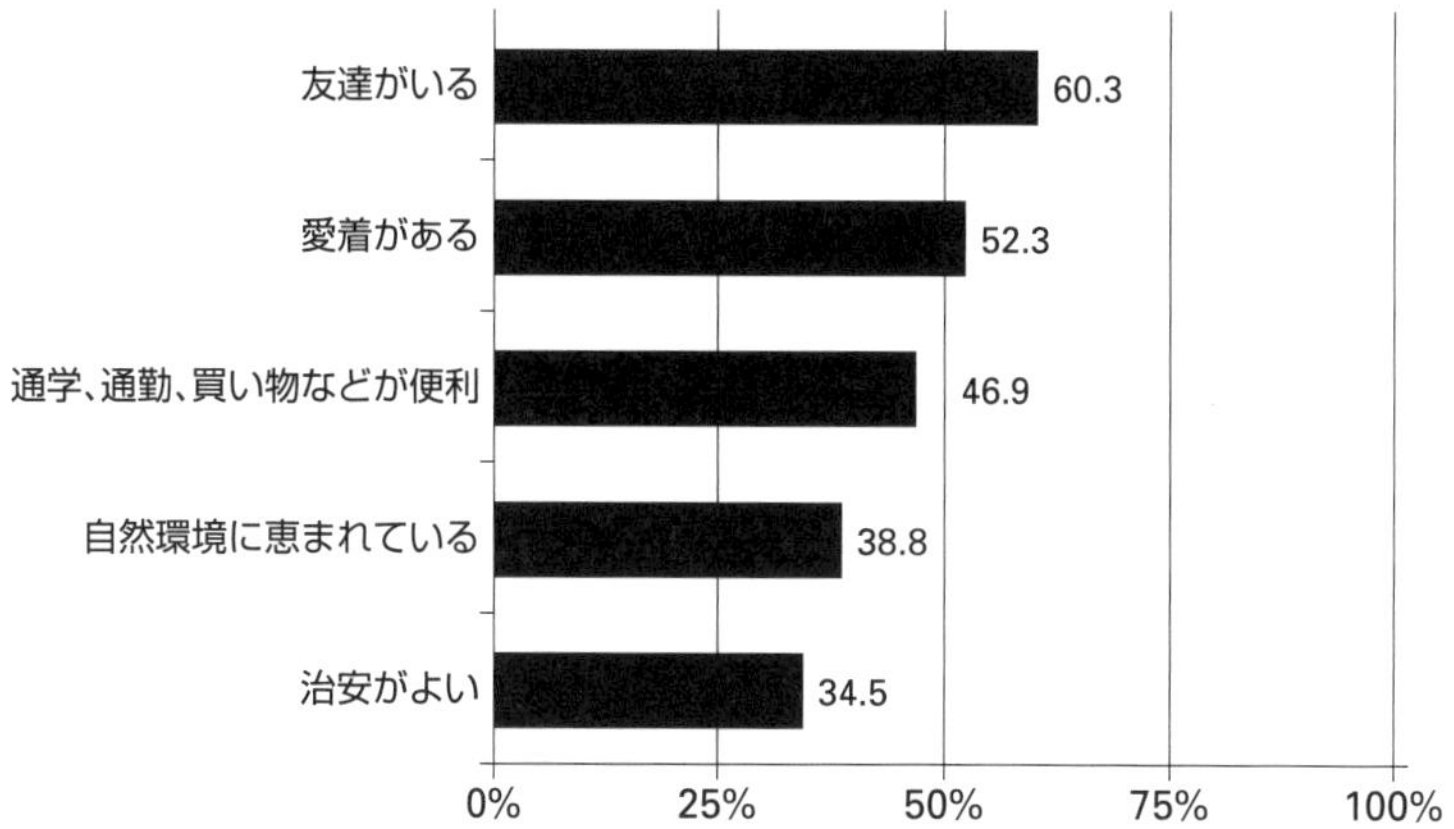


る。実際、これまでにもしばしば指摘されてきたことであるが、恋愛を描くケータイ小説は、実話であることを強く期待されてきた。とするとここで描かれている作中人物たちの生活感覚がかなりの程度読者である若者たちのそれに近いものであると考えてよいように思われる。すなわち若者の地元志向は、同時に友人関係志向でもあり、それは多くの若者にとって自明の前提になりつつあるのではないかということだ[2]。

ともあれこういったことから引き出し得る結論は、少なくとも1980年代の後半以降、若者の生活の中で友人関係が持つ重要性が増大し、親密性の濃度のようなものが上昇したということだ。これは天野が「繭化体」という概念を説明する際に描き出したような親密性の局面に対応するものだといえる。そしてこれが本章のはじめに確認した問いのうちの二つ目（なぜコミュニケーション論が浮上してくるのか）に対する答えでもある。若者たち自身が近しい他者との関係を重視して振る舞うようになったからだ、というのがそれだ。

では、もう一つの概念である「独身者の機械」に相当する局面はどのようなものなのか。節をあらためてこれを見ていこう。

## 3　コミュニケーション希薄化論

若者の友人関係が濃密化していくこの時期に大人の間で広がっていた認識は、しかし奇妙なことに、逆のものであった。すなわち若者の人間関係が希薄化しているという危機感のようなものだ。注意しておけば、このような危機感はどの時代にもあるものだ。例えば第1章で紹介したように、すでに1970年代にあって中野収は、「カプセル人間」と名づけた若者の描像を説明する事例として、喫茶店に集まって何を話すでもなく個々ばらばらにマンガ雑誌に読みふける大学生たちの姿を紹介している。コミュニケーションのある種の薄さがそこでは注目すべき現象として強調されているわけだ。このような例のあげ方は、それ自体がある種のテンプレートのようなものとなっており、例えば、友だちの家でそれぞれゲームに夢中になる子どもたちや、それぞれ携帯電話の画面に夢中になる高校生等々といったように、メディアの種類だけ更新しつつ同じような語り口が繰り返されてきたのであった。したがってこの種の懸念に枕詞のようにつけられる「以前にも増して」とか「かつてないほど」とかいった言葉は、むしろその懸念に根拠がないことを示しているということさえできる。

いつの時代にも若者を語る定番の話法が、1990年代以降にも同じように繰り返されてきた。まずはそのようにいっておくことができる。しかしそれ以前と違う点もある。大きな違いの一つは、1990年代以降に広まったコミュニケーションの希薄化という語りが、それに匹敵する肯定的な点の語りを欠いていたことだ。先ほど触れた中野の「カプセル人間」であれば、ある種希薄にも見える人間関係が、情報の高度な取捨選択、自分自身の趣味や好みによる加工、などといった情報処理に関する肯定的な特性とセットになっていた。同じ時期に一世を風靡した「モラトリアム人間」(小此木啓吾)にしても、批判的な語り口をともないつつも、消費社会化していく当時の社会に対するある種の適応形態として肯定的にも語られていたのである。1990年代以降のコミュニケーション希薄化論は、しかし、そのような肯定的な面への着目を欠いていた点で、それ以前のものとは大きく異なっていた。

このような潮流の変化を象徴するのが、先ほども名前をあげた小此木啓吾である。『モラトリアム人間の時代』(1978年)において「寛容でクールな大人の理論家」(小谷[1993])であった小此木は、しかし、『「ケータイ・ネット人間」の精神分析』(2000年)においてはもっぱら否定的な面にのみ注目して、若者のみならずケータイネット時代を生きるすべての人々を批判の俎上にのせてしまっている。例えば、次のような語り方にかつての是々非々の態度を見ることはもはや難しい。

モラトリアム人間社会は、一種の心理的不良債権をどんどん抱え込む社会になってしまったことを意味する。そして、義務・責任の支払いに苦労するよりも、むしろ不良債権の放棄を社会にお願いすることで生き延びていくほうがずっと楽な生き方だ、という心性をいつの間にか誰もが共有するようになった。そして、モラトリアムを提供される人々は永久にその返済を要求されない人々になってしまった。（小此木［2000:217］）

若者に対して同情的な態度を示す論者にあっても、ことコミュニケーションに関していえば、それを希薄であるとみなす場合が少なくない。1990年代の後半から、特に就労問題（フリーター・ニート問題）をめぐって激しくなった若者バッシングに対して異を唱え、むしろ社会状況の変化によって若者は弱者に転落しつつあるのだと指摘した社会学者・宮本みち子をその例にあげることができる。彼女の基本的な立場は、全般的に社会経済的に周辺化されつつある若者に対して同情的なものである。だが、若者のコミュニケーションについての見方は次のようなものだ。

一九九七年に神戸でおきた小学生殺害事件ほか九〇年代後半に頻発した若年犯罪や、青少年の自傷・自殺、全国で一〇〇万人を超すといわれる「ひきこもり」などの現象は、まさに反社会的というよりは「社会からの退行」傾向を印象づける。（宮本［2002:78］）

このような見方はインターネットや携帯電話の普及と結びつけられることによってさらに強迫性を帯びていく。福田康夫元首相が教育再生懇談会において示したという危惧もそのような過程の一部と見ることができる。すなわち、彼は、携帯電話の普及が子どもや若者たちの対面的な出会いを減らし、人間関係を希薄化してしまっていると述べ、これに対して対処することを懇談会に求めている（教育再生懇談会議事録）。首相の足下ともいうべき内閣府の調査（第4回『情報化社会と青少年に関する調査』）が、それに反する結果を示しているのにもかかわらずだ。すなわち、その調査によれば友人との紐帯を重視する若者ほど携帯メールでコミュニケーションをとる度合いが高いというのである。

荻上チキが説得的に論じているように、なんであれ新しく登場してきたコミュニケーションメディアは、人間関係に悪影響を及ぼすものとしてバッシングの洗礼を受けてきた（荻上[2008]）。インターネットや携帯電話もまた例外ではないということであろう。

この傾向は、「社会的引きこもり」と呼ばれる現象が社会問題として主題化されるようになっていく過程とも対応している。厚生労働省によれば「引きこもり」とは、一般的には、次のような条件を満たす状態のことをいう。

仕事や学校に行かず、かつ家族以外の人との交流をほとんどせずに、6か月以上続けて自宅にひきこもっている状態この定義とともに紹介されているある推計によれば、引きこもりの経験者は20歳から49歳の年齢層の1・18%であるという。つまり、それはまずは生活が立ちゆかなくなるある種の「不適応」や「病理」といった例外事態として問題化されていたのである。

しかし、おそらくはコミュニケーション希薄化論の広がりと軌を一にして、それは若者全体の特徴を語るためのキーワードへと横滑りしていったように思われる。そもそも「社会的引きこもり」ブームとでもいうべき現象の火付け役であり、また牽引車でもあった精神科医の斎藤環自身が、この言葉を若者全般の特徴を示す比喩としてかなり自由に拡張して用いていたのである(3)。

彼は、若者のライフスタイルに着目し、彼らを「自分探し系」と「ひきこもり系」とに分けてみせた。自分探し系は、携帯電話を駆使して広範な友人ネットワークを持ち、面白いことを探して積極的に街に出るようなタイプを指す。他方、ひきこもり系は、自分自身の中にある何かへのこだわりが強すぎて、他者とうまくコミュニケーションができないタイプのことだ。前者は、自分が何者なのかわからないという感覚に駆動されて、その不明感をコミュニケーションによって保証しようとしているがゆえに、自分探し系と呼ばれる。後者は、むしろ自分の存在感が強すぎて、結果的にコミュニケーションから撤退せざるを得ないがゆえに、ひきこもり系と呼ばれる。前者は自己が過少であるのに対して、後者は自己が過剰なのだと斎藤はいう。

だがここで注意すべきは、「自分探し系」が、一般的な若者の実際のコミュニケーション行動に着目して造形されたモデルであるのに対して、「ひきこもり系」は、「社会的引きこもり」というそれ自体は圧倒的に少数の事例をいわば比喩的に拡張して作り上げられたモデルだということだ。そこでこんなふうにいうことができるように思う。一方においてあまり注目されない濃密な友人関係とそれに基づく自己がデータや日常的な観察によって比較的簡単に確認できるという意味で「現実的」「経験的」な像であるのに対して、他方において希薄な友人関係とそれに基づく自己というのは「現実」というよりはむしろイメージの水準に属する像である、と。マスメディアを中心とした語りの水準では後者の像が圧倒的に優越しているのだが、オタク論あるいはそれを一般化したものとも見ることのできる天野の議論の助けを得て、二つの像が相ともなっていることを見通し得る。

それにしてもこの二つの描像の乖離はどうしたことだろう。まるで濃密化する友人関係を見まいとするかのように正反対の像が執拗に流布され、増幅されているようにも見える。

## 4　過剰なコミュニケーション／過少なコミュニケーション

ここであらためて本章のはじめに確認した一つ目の問い（なぜ大人は若者の活発なコミュニケーションを見落としてしまうのか）に立ちもどることになる。

前節で論じてきたような二つの像の相反に対する一つの解釈が「若者バッシングの流行」と

いうものだ。実際、友人関係のあり方のみならず、1990年代後半からゼロ年代の半ばにいたるまで（あるいは緩やかな形では今日においてもなお）、調査データ等から得られる像とは一致しない否定的な若者のイメージが増幅されながら流通していた。

例えば1990年代末に大規模に流通した「少年犯罪の増大・悪化」といった物語がそれだ（先に引用した宮本の議論にもこのような物語の反響を聞き取ることができる）。その物語によれば、少年犯罪は、90年代以降、「より凶悪化」「より低年齢化」「より一般化」したとされる。だが、これらの「変化」はすべて法務省や警察庁の統計によって容易に反駁される。しかもこの時期、少年犯罪を専門とする多くの識者がことあるごとにその点を指摘し続けたにもかかわらず、この物語は執拗にかつ広範に流通し続けたのである。

やっかいなことに、「イメージ」というのは「現実」の反対物ではない。それどころかそれはしばしば「現実」を構成する重要な要素となる。実際、「少年犯罪の増悪」というイメージの広範な共有は、政治家たちを動かし少年法の「改正」という「現実」の結果をもたらした。「厳罰化」と表現されることもあるこの改正を通して、「イメージ」は少年たちの処遇をより厳しい方向へと「現実」に変えてしまったのである。

こういった若者バッシングに対しては2000年代半ばよりデータに依拠した反論がさまざまな方向から行なわれるようになった（本田・内藤・後藤［2005］、浅野編［2006］、後藤［2008］、羽渕・岩田・菊池・苫米地編［2007］、羽渕編［2008］など）。だがこれらの反論が妥当であればあるほど逆に、それではなぜこれほど多くの人々がバッシングを受け入れ、データから乖離した若者の描像を受け入れてしまったのかという疑問が浮かび上がってくる。この疑問に対してこれまでどのような答えが提示されてきたか、ここでざっと振り返ってみたい。

まず若者バッシングの流れが日本に特有のものではないという点に注意しておこう。ジグムント・バウマンは欧米での同様の現象に注意を促した上で、その背景に冷戦体制の終焉があると論じた（Bauman［2004=2008］）。国内の様々な対立や亀裂を隠蔽するために、より大きな枠組での対立を構成するというやり方がしばしばとられる。冷戦体制というのは、意識的にせよ無意識にせよ、そのようなより大きな対立の構図として戦後長い間活用されてきたものであった。それが崩れた後、その代替物として「アンダークラス」の若者たちが社会に対する脅威として問題化されていくとバウマンは論じた。

バウマンと同じように小谷もまた日本社会全体の大きな変動が若者を主題化する際の枠組を書き換えてしまったと論じる（小谷［2011］）。すなわち、社会経済的な諸条件の変容に対して、国家や資本が自らの対応を正当化するために若者を「悪魔化」していく「官製」の若者たたきが行なわれたというのである。誰かを「悪者」に仕立て上げることによって、様々な問題やそれに対する為政者たちの失敗が隠されることになる。

もう少し具体的に日本の若者のコミュニケーションの問題に即してこの種の問題に答えようとしているのが橋元良明の議論である（橋元［1998］）。橋元は、若者の人間関係がいつの時代にも「希薄化している」と語られるのには構造的な理由があるという。若者の対人関係についてあれこれ論じるのはたいてい大学に籍を置いている研究者であり、彼らの若者イメージは基本的には自分らの周囲にいる大学生であることが多い。ここで注意すべきは、これら大学生と彼らを観察している大学教員との間の年齢差は年々開いていく一方だということだ。このことは、両者の間のコミュニケーションの質にも影響を及ぼさずにはいない。端的にいえば、社会的な距離が広がっていくのである。教員が若い頃には気軽に近づいてきた学生たちも、年齢が離れるにつれて少しずつ遠ざかっていく。それによって感じるさびしさのようなものを若者の上に投影した語り口が「最近の若者は人間関係が希薄だ」というものなのだ。橋元はそう論じる。

たしかにそう考えるとこの語り方が飽きずに繰り返されてきた理由もわかる。では、1990年代の後半にほとんどバッシングといってよい水準にまで「希薄化論」が強まった理由をどう考えるべきだろうか。

橋元の議論を踏まえながら北田が提起する議論は、まさにこの点に照準している（北田[2012]）。北田は、NHK放送文化研究所が1973年より5年おきに行なっている大規模な意識調査（現代日本人の意識構造）のデータを用いて、人間関係が希薄化しているのはむしろ中高年の人々であると指摘した。すなわち、職場・近隣などの関係において「全面的」な関係よりも「部分的」な関係を望む人がこの年齢層において増えているのである。現在中高年の人々は、自分たちの内部で徐々に全面的な関係を好む人が減っていく過程を身を以て経験しているわけだ。この変化は彼らの世代の内部で起こった変化であるが、彼らはそれを下の世代に投影しているのではないかと北田はいう。世代内の変化を世代間の変化と読み違えている、というわけだ。
バウマンや小谷の大きな構図による説明も、橋元や北田によるもう少し具体的な水準での説明もそれなりに説得的である。要は、若者の人間関係は希薄化していない、それどころか濃密化しているとさえいえそうなのに、それを見る大人たちの視線が変化してしまったために希薄化しているように見える、ということだ。希薄化の実質は若者の側ではなく、大人の側にあると見るのである。

しかし、とここで立ち止まって問うてみたい。では、変化は大人の側にのみ求められるべきなのだろうか。希薄化しているように見えるという事態について、若者の対人関係の変化は何も関与していないのだろうか、と。言い換えると大人の目からは彼らの関係が希薄に見えてしまうという事態は、大人の側の事情ですべて説明し尽くされてしまうのだろうか。若者の方は何も変わっていないのに、大人の側の視線のあり方が様々な事情で変化してしまったゆえに、その視線でまなざされる限りにおける若者のあり方も変わっているように見えるだけなのか。

ここで天野の議論をもう一度思い出してみよう。「繭化体」と「独身者の機械」とは大きな社会経済的変化の二つの側面であると考えられていたのであった。だとしたら、コミュニケーションの濃密化に対応する前者だけが実際の変化であり、後者は幻影である、と見るのはいささか筋が通らないのではないか。むしろ「独身者の機械」に対応する若者の変化はたしかにあったが、それがある文脈では「希薄化」に見えてしまう、と考える方がよいのではないか。

独身者の機械の説明において、天野は、たしかに深い関わり合いの回避を特徴としてあげていた。だが、その回避の目的と手法とにもう少し注意をむけておくべきかもしれない。すなわち、固定したアイデンティティへの捕捉を回避するという目的、およびそのためにつきあいを次々と変えていくという手法に。アイデンティティの固定性の拒否と関係性の切り替え、この二つが若者の側の変化を理解する手がかりになるのではないか。もちろん大人の視線も変化した。しかし若者の側にも変化はあったのであり、大人の視線と若者の実態とは絡み合いながら全体として変化してきたと見た方がよい。

この点を章をあらためて検討してみたい。

## 注

(1) 実際、企業組織の研究においてはそのような問題が示唆されている(石田光規[2009])。すなわち開放的で流動性の高い組織構造をもった企業においては、孤立する社員が生み出される傾向があるのだという。

(2) ケータイ小説が「実話」であることを求められるのもこのことと関係しているのかもしれない。ケータイ小説はしばしば作者と読者とがネット上で交流しながら進行していく。このような交流は、お互いの恋愛を物語りながら取り結ばれる実際の友人関係を擬制するもののようにもみえるからだ。

（3）ただし「引きこもり」概念の拡張と適用範囲の拡大は、必ずしも斎藤一人の責任というわけではない。むしろそれは「引きこもり」を社会問題として主題化し、そのまわりにいわば「引きこもり」産業を作り出していったいくつかの主体の協働の産物である。例えば、Horiguchi〔2012〕の分析を見られたい。

# 第6章

# 多元化する自己

## 1　状況志向化する友人関係

前章で確認したのは、「人間関係の希薄化」として語られてきた若者の「変化」が、実のところ大人の視線の変化によってもたらされたものである可能性だ。このような可能性に光を当てることは、1990年代の後半から2000年代の後半にかけて吹き荒れたいわゆる若者バッシングを中和する解毒剤としてそれなりの効果を持っていたと考えられる。

このことを踏まえた上で、しかし、もう少し踏み込んで次のように問うこともできるのではないか。若者の側には変化はなかったのだろうか、もし変化があったとしたらそれはどのようなものであったのか、と。「希薄化」論が大人の視線の変化がもたらしたものであるとしても、それは若者の友人関係に変化がなかったということを必ずしも意味してはいない。大人の視線はたしかに変化した。だがそれと同時に若者の友人関係もまた変化していたのではないか。「希薄化」はこの二つの変化の出会う界面に映る像ではなかったろうか。

このような問いに対する本書の答えはこういうものだ。然り、若者の友人関係にも変化があった。すなわち、友人関係は1980年代後半以降、状況に応じて切り替わっていくいわば「状況志向」的なものになったのである。そして、それと相即して彼らの自己は関係や状況の多元性に応じて多元的なものになっていくのである、と。

本章ではこの友人関係の変化と自己の多元化について順を追って説明していく。

まず確認しておくべきは、充実感や満足感という点から見れば友人関係には明らかに変化がみられるということだ。前章でも見た友人関係に関するデータをあらためて眺めてみてほしい。友人といるときに充実している、あるいは友人関係に満足しているという若者の比率は調査開始以来一貫して増えていた。特に目立って増えているのが１９８０年代の終わり頃だ。前章ではこの変化を友人関係の濃密化と呼んだのであった。

少なくともこのごく基本的な点において、若者の友人関係に変化がなかったという見方は維持するのが難しいだろう。ではそれは単に量的な変化だったのだろうか。つまり１９８０年代末よりも前から続いていた友人関係がその充実や満足の度合いだけを上げていったのだろうか。

おそらくそうではないということを示すいくつかの状況証拠がある。例えば女子中高生向けに出版されている老舗の雑誌の一つに『セブンティーン』（集英社）がある。この雑誌は年に２回ほど友人関係についての特集を組むのだが、そこで語られる友だちづきあいにある特徴的な様式が現れてくるのが１９８８年のことだ（東京学芸大学大学院生〔当時〕平山宣子の調査による）。すなわち友人とのつきあいをその内容によって分化させ、それぞれを切り替えながら使い分ける、という「作法」である。そこで紹介されているのは次のような女子高生たちの証言だ。

友達ひとりに、何もかも期待しすぎるから、つらくなると思うんだ。私は、恋愛の話ならA子、勉強のことならB子、テニスの話はC子……って、わざとしてるわけじゃないけど、自然にわけてるみたいなの。これが、いいことかどうかわかんないけど……楽は楽だなぁ。
（『セブンティーン』１９８８年9月18日号）

一人の友だちだけに話をしているとその人に対する期待が大きくなり過ぎてつらくなる。複数の友だちにそれぞれ話題を振り分けることによって、いわば負担を分散させることができるというわけだ。このような使い分けは、同時に、それぞれの場面に応じて自分自身の振る舞い方や感じ方を切り替えていくという作法と表裏一体である。例えば恋愛の話をするA子といるときには、勉強の話をしたい自分は切り分けられて脇に置かれるだろう。他の場面でも同様である。そうすることによって勉強の話についての期待はいったん停止される。こうして彼女たちの自己は、使い分けに即して多元的なものになっていくのである。

考えてみると、このときの女子高生たちも今では40代に達しており、すでに彼女たちの子どもが高校生になる頃だ。高校生時代に友人関係の使い分けという作法を「開発」した彼女たちの子育てが、今の高校生たちの友だちづきあいにどのような影響を与えているのか興味深いところではある。

ともあれこのような新しい作法が女子高生を中心に見られるようになったのが１９８８年。その4年ほど後、ある小説がちょっとしたブームをもたらした。その本のタイトルは『24人のビリー・ミリガン』、アメリカのSF作家ダニエル・キイスが実話をもとに書いた小説である。

この小説の主人公ビリー・ミリガンは、強姦の容疑で逮捕され、取り調べと医学的検査の過程で実は内部に24個の異なった人格を抱え込んだ多重人格者である（そして強姦もそれに由来するものである）ことがわかる。24個の人格の中には、粗暴な大人の男性の人格もあれば、気の弱い少女の人格もあり、それら複数の人格間に記憶による連結が欠落している状態であった。

このように断片化してしまう以前からビリーが持っていた人格はいわば主となる人格（主人格）として複数の人格の中の一つになる。しかし主人格といっても他の諸人格をうまく統制することができていたわけではないし、彼らの記憶を完全に共有しているわけでもない。例えば、それら複数の人格の中には、主人格が学習した記憶のない言語を流暢《りゅうちょう》にあやつる者もいれば、学習した記憶のない高度な医学的知識を備えた者もいたという。

この多重人格という設定は当時の日本の読者の心を強くつかんだ。その影響の少なくとも一端を、1992年以降に登場する多重人格をテーマにしたドラマ、映画、マンガに見ることができる。特によく知られたものを一つあげておくなら、当時『週刊少年ジャンプ』（集英社）で高い人気を誇っていた『幽遊白書』（冨樫義博）というマンガに登場した仙水忍という敵キャラクタがそれだ。彼は、ビリー・ミリガンを彷彿とさせる多重人格として描き出されていた。その上、仙水は敵役でありながら、主人公と同等の、あるいはときとしてそれ以上の魅力を持ったキャラクタとして造形されており、作者や読者たちが多重人格にある種の魅力を感じ取っていたことがうかがわれる。

現在では解離性同一性障害（解離性同一症）と呼ばれるこの病は、その診断上の基準や位置づけを変化させてきたが、端的にいえばそれは記憶の病である。ある行為や体験の系列が帰属される「人格」が、別の行為・体験の系列が帰属されるもう一つの「人格」から記憶の上で切り離されてしまうとき、この診断名が適用される。すなわち、行為・体験のある系列を自らのものとして引き受けている人格は、別の諸人格に帰属される行為・体験の諸系列を記憶していないのである。多くの症例において、すべての系列の行為と体験とを記憶している人格が存在していることが報告されているが、これは必ずしも主人格とは限らない。最初期の最もよく知られた症例であるイブ・ホワイトとイブ・ブラックの場合、元の人格であるイブ・ホワイトはつつましく、まじめで禁欲的な性格であったのに対して、症状として登場したイブ・ブラックは派手で、奔放で、享楽的な性格であった。イブ・ホワイトにとって、イブ・ブラックの記憶が完全に欠落していたのに対して、イブ・ブラックはホワイトの記憶を把握していた。やがて治療が進むにつれて、両者は第三の人格であるジェーンへと統合されていったと報告されている。

ところで『ビリー・ミリガン』が多重人格という現象を広く日本人に認知させたのはまちがいないのだが、その認知の広さと速さとはむしろ日本人がその言葉、その概念を以前から待ち望んでいたのではないかとさえ思わせるものがあった。つまり、あたかも彼らが欲していながら手にしていなかった何かを多重人格という概念が与えたかのようにさえ見えるのである。

ごく個人的な経験になるが、私自身が記憶している当時のエピソードを二つ紹介しておく。

一つは、当時パソコン通信上でこの小説が話題になっていたときによく見られた多重人格についての書き込みについての記憶だ。多重人格を悲劇として捉える感想にまじって、ある種の

「理想」としてそれにあこがれるような書き込みが散見されたのである。自分の中には自分自身でさえ気づいていないない別の自分がいるかもしれない、そしてその別の自分は何か未知の能力を秘めているかもしれない、そういった感覚がそこでは表明されていた。

もう一つは、少し後のことになるが１９９０年代の半ばに授業で多重人格について取り上げたときの学生の反応だ。多重人格についてのドキュメンタリーを見せたその授業のおわりに提出してもらった感想のかなりの部分を占めていたのは「自分も多重人格のようなものだ」「多重人格は私のことかもしれない」というものであった。状況に応じて、場面に応じて振る舞い方を知らず知らずのうちに変えてしまっている自分と彼ら多重人格者たちとはあまり変わらないのではないかという感覚がそこでは表明されていた。

これは今から考えると、あるいは多重人格について標準的な知識を持っているものにとっては当時においてさえ、二つの意味で不思議なことであった。というのも、第一に、多重人格（解離性同一性障害）の原因論として広く受け入れられた説明は、幼児期に受けた虐待であるというものだからだ。彼らは親等の身近な大人によって虐待され、その経験を自分なりに処理するために虐待の記憶を分離する。この分離が習慣化することで、主人格から切り離された別人格が形成されると考えられている。したがって多重人格とは何らうらやむべきものではなく、むしろある種のおぞましさを核としたものである。実際、『ビリー・ミリガン』の物語もまたこの通説を裏書きするようにしてビリーの悲劇的な経験を明らかにしていくのであった。

もちろんこのような通説に対しては、あとで触れるように、「虐待」は客観的な事実というよりも、カウンセラーや医師が治療の過程で誘導的に構成した偽の記憶であるという批判もある。実際、アメリカでは虐待したとされた親がカウンセラーを訴える訴訟も起こっており、多重人格の根底に幼児期の虐待があるという点については争いがある。しかしそのことを考慮に入れたとしても、それがあこがれの対象となるというのは解せない話ではないだろうか。

第二に、多重人格（解離性同一性障害）はあくまでも「病理」であり、いわば例外的な状態を記述するための概念である。たしかに事例としては１９８０年代に増加してきているといえるのだが、誰もがなり得る状態というにはほど遠いものだ。したがって、多重人格のドキュメンタリーを見て「これは私だ」と多くの若者が感じてしまうのだとしたら、それは不思議なことではないだろうか。

先ほど説明したように、多重人格は記憶の病であり、複数の人格の間に記憶の連続性が失われる点に最大の特徴がある。だとすると私の授業を受けていた学生たちの中に、ときどき記憶がとぎれて困るなどといった経験をしたことのある者がそれほど多く含まれていたということなのだろうか。おそらくそういうことではあるまい。彼らが感じていたのは、記憶の病としての多重人格とは別の部分で自分たちに近しい何かであったろう。

整理していえば、多重人格のストーリーを受け入れていく人々の様子は、それの持つ悲劇性を脱色した上で、まるでそれを自分たちの生活と地続きの事態であると考えているかのようであったということだ。では彼らは多重人格のどこを見て自分たちがその延長線上にあると感じたのだろうか。学生たちの感想から読み取れたのは、多重人格が場面によってまったく異なる顔を見せるというその点において自分の振る舞い方と親近性があるということであった。

多重人格の場合、場面と場面とをつなぐ記憶の糸が切断されているため、振る舞い方が一貫せず、しばしば致命的なまでにちぐはぐとなる（そしてその結果病が「発見」されもする）。学生たちの場合、そのような記憶の断片化が生じているわけではもちろんないだろうが、それでも自分たちの振る舞いをあたかも多重人格の場合のそれと同じであるかのように感じていたのである。これはどういうことであろうか。

多重人格を自分たちに近しいものと思う感覚。その背景には、多重人格的と表現したくなるような対人関係のある様相の広がりがあったのではないか、というのがここで提起してみたい仮説である。

念のために注意しておけば、ここで重要なことは多重人格と診断されるような人がこの時期に増えたかどうかといったことではない。またそもそも解離性同一性障害という診断カテゴリーやその原因についての理論が妥当であるかどうかということでさえない。実際、幼児期の虐待によるトラウマが解離の原因であるとする見方には強い批判もある。例えば心理学者エリザベス・ロフタスは記憶がいかに容易に操作されるものであるのかを様々な実験によって示した上で、トラウマ的な経験を想起したという「告白」を額面どおり受けとるべきではないと警告している（彼女はそれを「偽記憶症候群」と呼んでいる）（Loftus［1994=2000］）。むしろそれはトラウマ仮説を信じている医師やカウンセラーたちが、その仮説に基づいて「患者」の想起を誘導した結果として構成された「記憶」なのである、と彼女はいう。

しかしここで注目したいのはそういった症例の多寡や、診断の真実性には関わりなく、そのような診断名を用いて語りたくなるような状況が社会の中に広まっているのではないか、ということだ。そしてその状況とは他人に対する振る舞い方が相手や状況、場面によって変化し、それらの間に見られる一貫性や整合性が低くなっていくというものである。

その意味では多重人格といい解離性同一性障害といい、いずれも何かをわかりやすく、かつ生き生きと伝えるために用いられた比喩であるといえる。社会を語るための比喩として病が用いられることは珍しいことではない。例えばある時期、分裂病（現在の統合失調症）が占めていた時代の象徴としての座に1990年代以降、多重人格が座るようになったということができるかもしれない。実際、大澤真幸はきわめて率直にこのことを表現している。すなわちかつて「分裂病」として語られていたことから思弁的で神秘的な衣をはぎとって即物化したものが多重人格なのである、と（大澤・斎藤［2003］）。

それに付け加えていうなら、分裂病の比喩を用いながら時代や社会を語っていたのはいわゆる「知識人」であったが、多重人格は一般の人々が自分たちの振る舞い方や関係のあり方を語る際に動員されることであるという点でも後者はより一般化、「通俗化」されていたといえるかもしれない。それは研究者やジャーナリストが社会を観察する際に用いるものというよりは、観察されている人々が自分たちで使用している語りの道具なのである。

そこで彼らが多重人格の比喩を借りて語りたくなってしまうどのような関係を生きていたのか、角度を変えて検討してみたい。

## 2　状況志向的友人関係と自己の多元化

『24人のビリー・ミリガン』がブームになったのと同じ頃、若者研究者の集まりである青少年研究会が行なったある調査がここで役に立つ。この調査は都市部の若者のライフスタイルを実証的に明らかにするために行なわれたもので、東京都杉並区と神戸市灘区・東灘区の若者を対象に実施された(1)。

調査内容は、友人関係、メディア利用から宗教意識、音楽の趣味、規範意識等々多岐にわたるのだが、ここでは友人関係と自己意識に関わる部分に絞って紹介してみたい。というのもそこに見いだされたある特徴が、前節で見てきた多重人格の比喩を引き寄せる何かに対応していると考えられるからだ。

そもそもこの調査を設計する段階で立てられていた仮説は、友人関係に深く狭いタイプと浅く広いタイプとがあるだろうというものであった。だから二つのタイプがどのように違った自己意識の構造を持っているのか確認しようという課題を立てて分析を始めたのであった。だが実際に見いだされたのは〈深く狭い／浅く広い〉という構図に収まらないもう一つの軸であった。これを「状況志向」と呼んでおく。具体的にいうとそれは、以下のような質問項目によって特徴づけられる友人関係の型である。

a　つきあいの程度に応じて、友人と話す内容は違うことが多い
b　いろいろな友人とつきあいがあるので、その友人同士はお互いに知り合いではない
c　ある事柄について、我を忘れて熱中して友人と話すことがよくある
d　友人と一緒にいても、別々のことをしていることが多い

このような志向性を強く持つ者は、相手に応じたコミュニケーション様式の切り替えにたけ（a）、異なった場面での友人関係を互いに重ならない形で切り分けて維持し（b）、一緒にいてもその時間を全面的に共有するというわけではない（部分的にのみ共有する）（d）。これだけを見ると彼らは非常に表層的な人間関係を持っているようにも見えるが、その一方で彼らは熱中して友人と話す傾向を示している（c）。つまり、彼らは一方においては切り替え・切り分け・部分性という一見すると関係からの離脱にも見える方向性と、他方では熱中という関係への没入ともいえる方向性を同時に示しているのである(2)。

この調査結果が示唆しているのは、関係に応じて異なった自分を出しながら、その自分がどれもそれなりに本気であるような自己のあり方だ。多重人格ブームの背景にあったのは、このような対人関係や自己のあり方の広がりではなかっただろうか。

同じような傾向を別の調査から読み取ることもできる。例えば、社会学者の辻大介が１９９８年に首都圏の大学生を対象に行なった調査では、人間関係の「使い分け」と「希薄化」との間には特に関係がないことが示されている（辻［1999a］［1999b］）。言い換えれば十分に「濃い」

あるいは親密な関係でありながら、使い分けがなされるということがありえるということだ。このような使い分けの傾向を辻は「フリッパー志向」と呼んでいる。

辻の調査についてさらに興味深いのは、このような友人関係のあり方といわゆる「若者言葉」との間に一定のつながりが確認されていることだ。辻は、1990年代に入ってから使われるようになったいくつかの若者言葉を選び出し、これを二つのグループに分けた。一つ目のグループは、断言を避け、自分の発言の拘束力を弱めようとする表現を含んでいる（「とか」「みたいな」「って感じ」等）。もう一つは、それ以外の様々な表現を含んでいる（「キレる」「超」「パニクる」「はまる」等）。これらの言葉をどのくらい用いるのかを尋ねてみると、おおむね次のようなことがわかる。

(1)一つ目のグループ（拘束力を緩和する若者言葉）は、友人関係の希薄さと関連しないが、友人関係における使い分けと関連する。

(2)二つ目のグループ（その他の若者言葉）は、友人関係における使い分けと関連しない。

先ほど紹介した青少年研究会の1992年調査だけでは、状況志向化が1990年代に進行した現象なのか、もともとそういう傾向があったのかという点について何もいうことができない。他方、辻が用いた若者言葉は1990年代から使われるようになったことをある程度明確に確認できるものであるから、それと関係の深い「フリッパー志向」も同じ時期に強まったのではないかと推測することができる。もう少し正確に言い直せば、フリッパー志向とそこで呼ばれているような関係のあり方の一端をなすものとしてそのような言葉遣いが広まったということであろう。すなわち、発話に対して過度に固執せず、いつでも切り替えられるだけの余裕を維持しておくという作法がこの言葉遣いの核にあるものだと思われるが、それは人間関係を切り替えていく際に必要な余裕を言葉遣いの上に投影したものなのである。

一般には、曖昧な言葉遣いは深入りをおそれる希薄な人間関係の印と考えられているが、辻の分析が示しているのはそれとは少し違うことだ。発話への拘束を弱める言葉遣いが、関係の切り替えのための余裕を映し出すものであり、またその言葉遣いと希薄化との間に統計的な関連が見いだせないのであるから、言葉の変化に対応している人間関係の変化は、希薄化ではなくフリッパー志向化だと考えられる。

辻はこのような結果を踏まえて、若者の自己が多元的なものに変化してきている可能性を指摘した。すなわち自己についてのそれまでの標準的モデルは、「ほんとうの自分」のようなものを単一の核とする同心円の構造を前提にしていた。だが、フリッパー志向を強める若者たちの自己は、複数の核を必ずしも緊密に統合されないまま保持する多核的なモデルによってよりよく理解し得るものになっているのではないかというのである[3]。

とはいえここまで紹介してきたデータはあくまでも状況証拠である。多元「化」がたしかに進んだといえるためには、やはり少なくとも二つの時点で調査を行ない、比較してみることが必要である。そこで青少年研究会が、その後、２００２年と２００７年とに行なった調査をあ

表1　参照する調査

| 名称 | 1992年調査 | 2002年調査 | 2007年調査 |
|---|---|---|---|
| 調査主体 | 青少年研究会 | 青少年研究会 | 青少年研究会 |
| 実施年 | 1992年〜1993年 | 2002年 | 2007年 |
| 調査対象 | 東京都杉並区・神戸市灘区・東灘区在住の16歳から29歳の男女 | 東京都杉並区・神戸市灘区・東灘区在住の16歳から29歳の男女 | 東京都杉並区在住の16歳から29歳の男女 |
| 抽出方法 | 層化2段抽出 | 層化2段抽出 | 層化2段抽出 |
| 調査方法 | 郵送 | 訪問留置 | 訪問留置 |
| 回答者数 | 1114 | 1110 | 719 |
| 回収率[%] | 22.1 | 55 | 40 |

わせて見てみよう（**表1**）。2002年調査は杉並区と神戸市にて、2007年調査は杉並区で行なった。比較のために2007年データを用いるときには、他の時点のデータも杉並区の分だけを取り出して用いることにする。

多元化を調査で測るのはなかなか難しいところがあるのだが、それと関わりの深いいくつかの質問を取り上げて、それに対する回答がどのように推移してきたのか見てみる（以下に述べる「変化」はいずれも統計学的に見て有意なものである）。変化の要点は四つに整理できる。第一に、つきあいの内容に即して友人を使い分ける傾向が強まってきている（**図1**）。これは、先に見たような「多重人格」的な人間関係が広まってきていることをうかがわせる。第二に、場面によって自己を使い分ける傾向が強まっている（**図2**）。関係の多元化

**図1　遊ぶ内容によって一緒に遊ぶ友だちを使い分けている**

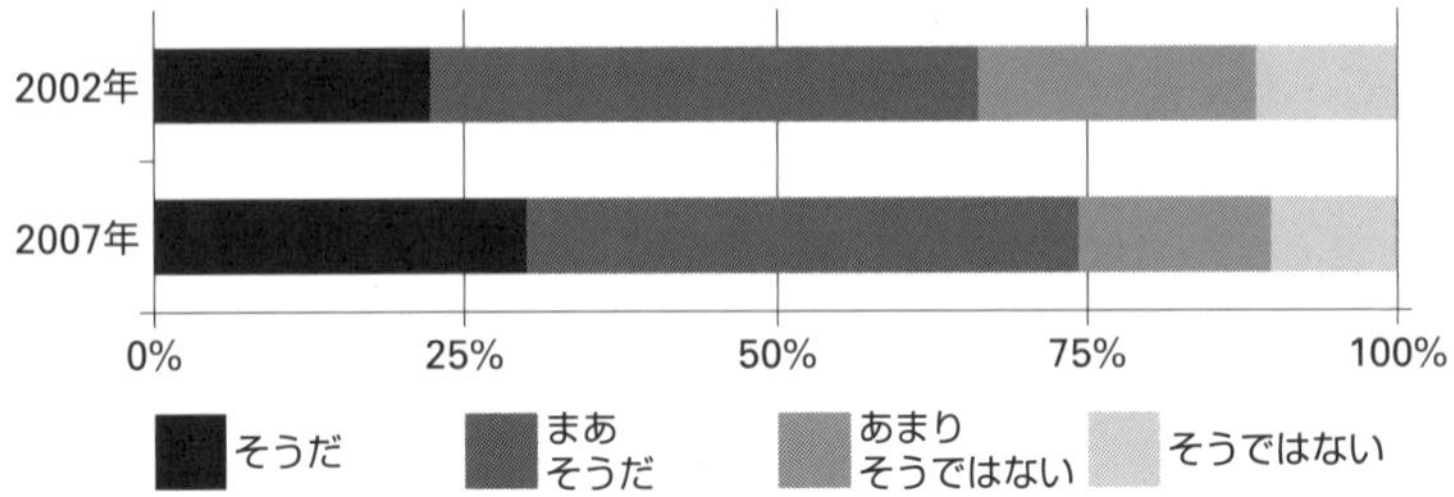


**図2　場面によって出てくる自分というのは違う**

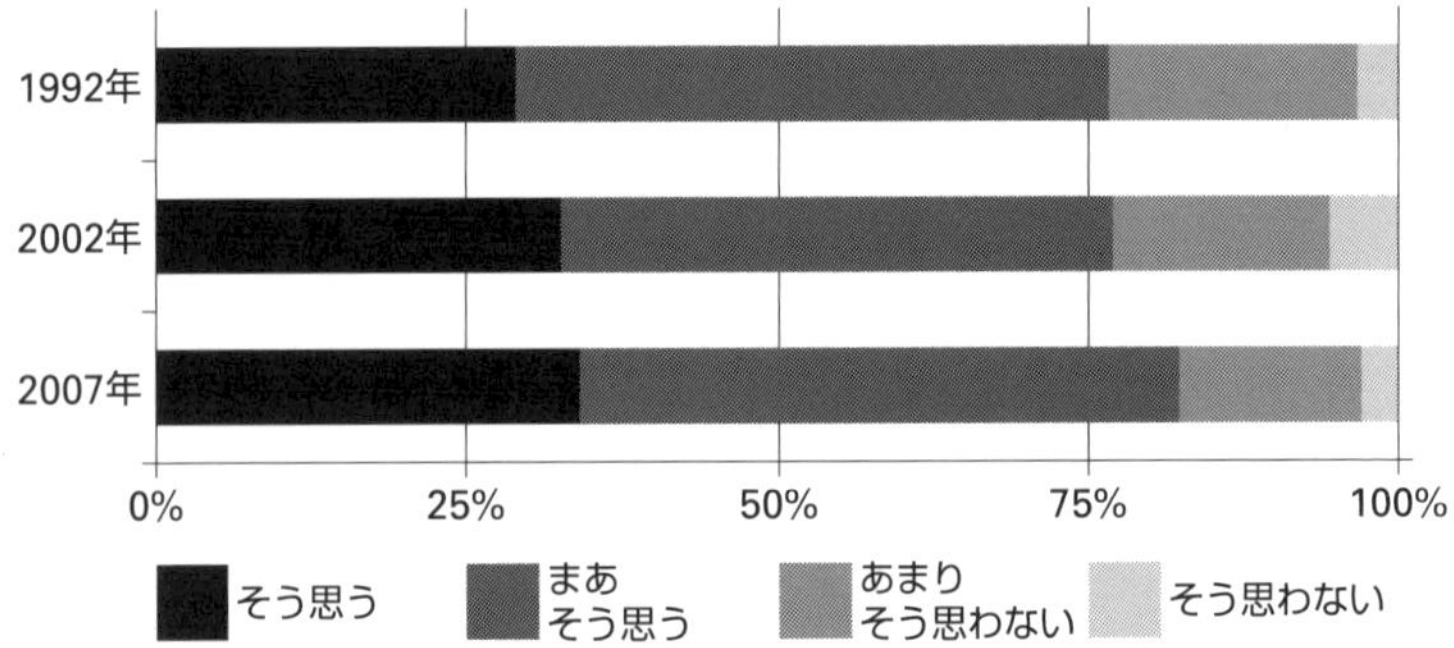


に対応して、そこで見せている顔の方も使い分けられるようになっていくのであろう。第三に、自分を意識的に使い分ける傾向が高まっている（**図3**）。これは、相手によってあるいは場面によって自然に顔が切り替わっていくだけでなく、その切り替えが意識されている場合も増えているということを意味している。第四に、自分らしさをどんな場合にも一貫させるべきであるという規範意識は弱まっている（**図4**）。このことは、複数の顔を

**図3　意識して自分を使い分けている**

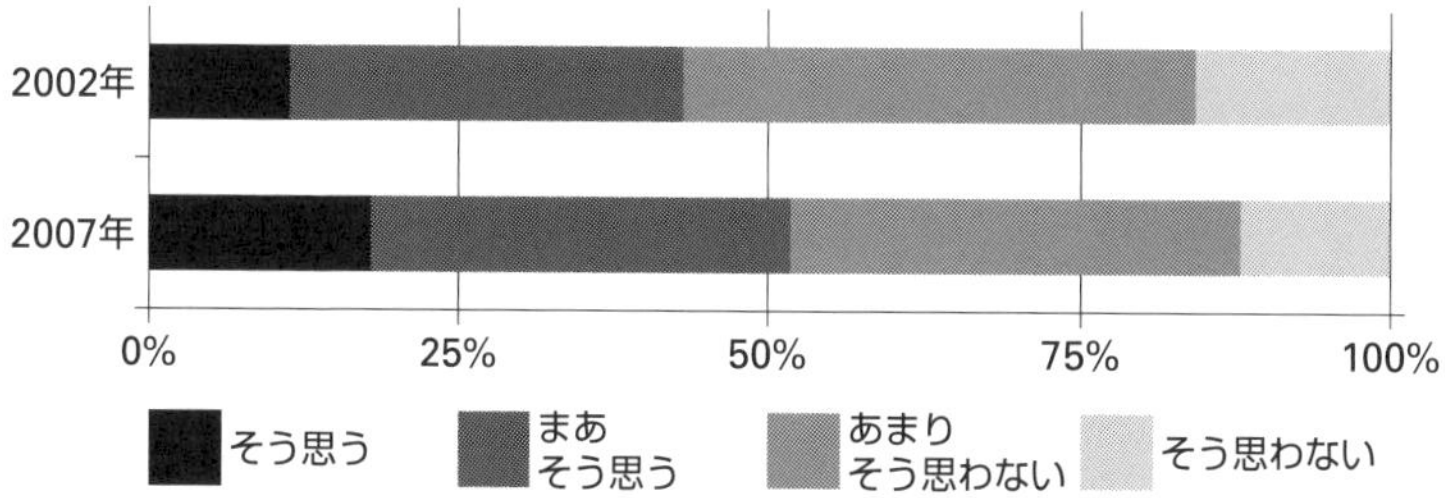


**図4　どんな場面でも自分らしさを貫くことが大切**

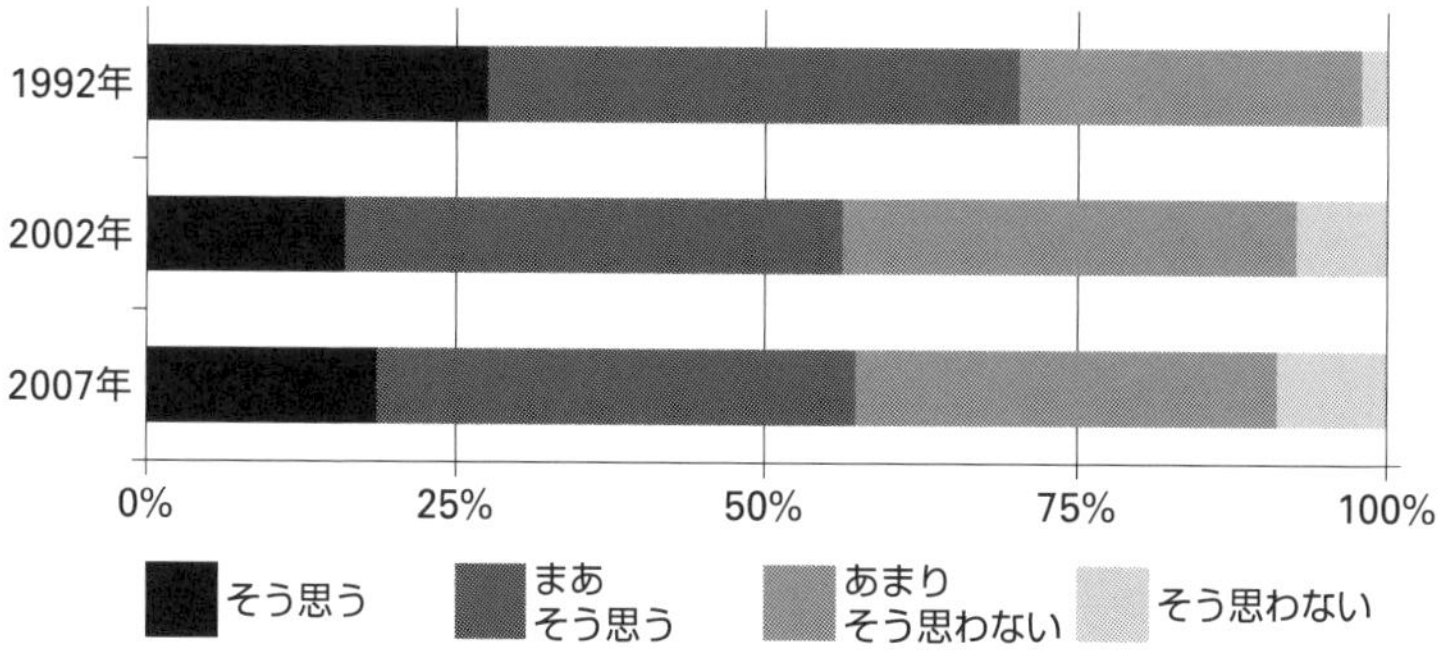


使い分ける傾向が強まっているだけではなく、そのような使い分けに歯止めをかける規範が弱まりつつあることを示唆している。

　日本人の自己はいつの時代にも多元的であったという見方がある。よく知られたところでは、浜口恵俊の間人主義などがそれである（浜口［1982］）。この考え方によれば、自分自身の内的な指針よりも相手との間柄に基準をおいて振る舞うのが日本人の文化であるから、彼らの自己はかつてより今にいたるまで多元的に見えるはずだ、ということになろう。だが、先ほど示したデータは、多元性が1990年代以降に（も）進行しつつある事態であることを示唆している。自己は単に多元的であるだけではなく、少なくともこの20年間、多元化し続けているように思われる。

若者に変化があったとしたらそれは嬉々として若者をバッシングしてきた人々が主張してきたようなものではなく、人間関係と自己とが表裏一体で多元化したという変化なのである。そしてこの変化が、「多重人格」を自分たちの関係や自己のあり方を記述するためのキーワードにまでおしあげた背景でもあった。

さてこのような事情を頭に入れて再びオタク文化について語られた言葉に目を向けてみると、実は、そこにも「多重人格」への志向性をはっきりと読み取ることができる。次節でこのことを確認していこう。

## 3　オタクにおける多元的自己

### 虐待児童としてのやおい少女：中島梓

前章で見たように1990年代以降のオタクについてのイメージを方向付けた著作の一つは、中島梓の『コミュニケーション不全症候群』であったわけだが、彼女はその続編ともいえる本を数年後（1998年）に出版している。『タナトスの子供たち』と題されたこの本の中で、中島は「やおい」と呼ばれる男性同士の性愛物語になぜ多くの女性がこれほどまでに魅了されるのか、と問うている。彼女の答えは、まずは今日の日本社会において女性が社会経済的に劣位におかれていること、より根本的には果てしなく生産性を追求する今日の文明への意図せざる異議申し立てである、というものだ。

ここで注目したいのは、女性の社会経済的な状況についての中島の認識である。実は、彼女はここで多重人格障害（M・P・D＝Multiple Personality Disorder）についての臨床的モデルを日本の女性に適用しているのである。今日の社会の中で彼女たちは押し付けられた女性性の規範に拘束され、男性たちが活躍する場所からは体系的に排除されている。これは、空気のように遍在する女性への虐待ではないかと中島はいう。そして、やおいとは、このような虐待的環境に適応しようとして人格を解離する際に用いられる適応の形式なのである、と。「少女たちはM・P・Dになって社会に対応したのである」（中島［1998:225］）。

1節での議論を思い出してほしい。多重人格である人物が活躍する物語にひかれたり、多重人格をまるで自分のようだと感じる若者が多く存在するからといって、彼らがみな虐待の被害者だと考えるのは難しいのではないかと指摘したのであった。これに対して中島はちょうど反対の立場をとっている。つまり彼女らはある意味でみな虐待の被害者なのである、と。

中島の見るところ、やおいの作品内に登場する人物は、女性たちの断片化された自己である。「ヤオイ世界の美少年たちというのは、ヤオイを選んだ少女たちにとっては、きっと『彼女のなかの男性人格』だったんだろうな」というわけだ（中島［1998:228］）。彼女は、この過程全体を次のように要約する。

現代の社会というのがことに女性、少女に対して非常に虐待的というか、少女の生きづらい社会です。だから選別の論理からおりてしまい、この社会にとっての『いい子の少女』であるのはもうイヤ、と思った少女はまぼろしの愛と性の闘技場を作り上げてそこに自分の分身を送り出す。愛する男性も愛される少年もともに彼女自身のM・P・Dの人格である、と考えるとこれは非常にすっきりします（ややすっきりしすぎるくらいです）。（中島［1998:230］）

自分たちに対して虐待的な社会を生き延びるために少女たちは自身の人格を多元化し、虚構の世界でそれらを遊ばせているというわけだ。

ちなみに中島は、ダニエル・キイスが多重人格を主題として書いたもう一つの小説『五番目のサリー』の翻訳に解説を寄せており、多重人格というメタファーに強い魅力を感じている様子がうかがわれる。だが「ややすっきりしすぎる」と彼女自身が付け加えているように、虐待による説明はやや事柄を単純化し過ぎているようにも思われる。というのも、やおい少女たちが多重人格的に振る舞っているのが事実だとしても、『ビリー・ミリガン』や『幽遊白書』の場合に見られたように、多重人格に魅了される人々はやおい少女には限らない。中島がやおいの中に多重人格的なものを見て取っているのは正しい直感だと思うが、それを多重人格の公式の説明に無理矢理当てはめているように見える。その結果、説明は単純化され、わかりやすくなるが、視野から多くのことが落ちてしまう。

むしろ虐待の有無をかっこに入れてしまった上でこう考えた方がよいのではないか。やおい少女たちも含めて若者たちの人間関係のあり方が状況志向的になっており、それに即応して自己の統合も緩んできているのではないか、と。すなわち虐待が彼女らの自己を断片化したというよりも、彼女たちの人づきあいの作法が自己を多元化したのではないか。だとすれば彼女たちが多重人格的に見える理由は、それが虐待による病理であるからではなく、彼女たちが他の多くの若者たちと同じように人づきあいの作法を変化させていったからであるということになろう。

実際、やおいについてのフィールドワーク的研究からは、彼女らの人間関係が高度に状況志向的であることがうかがわれる。例えば社会学者の金田淳子によれば、やおいを趣味とする若い女性たちは、その趣味を共有しているかどうかで友人関係を厳密に分離して管理しているのだという（金田［2007］）。いわゆる「腐女子」（やおいを楽しむ女性たちの自虐的な自称）としての顔は、趣味を共有しない友人の前では決して出さない、といったように。他方で、腐女子ではない友人とつきあうために「ふつう」のスタイルを学習し、それに合わせた顔も形成されていく。したがって、ここにあるのは単純な素顔と仮面という関係ではなく、素顔が複数化し、それぞれが独自の厚みを持つという事態だ。

このような事態を正確にしかしコミカルに描いているのが小島アジコの『となりの801ちゃん』というマンガだ。主人公の女性は、表面上は「ふつう」の女性なのだが、ときおりその「ふつう」の擬態を食い破るようにしてやおいの本性を表象するモンスター（といってもとぼけた味わいの）が登場するのである。彼女は、この偽装のために人一倍努力しておしゃれであろうとしているのだが、このことは擬態がまったくの仮面であることを意味しているわけではない。興味深いことに、彼女の恋人は、彼女の二つの顔をどちらも区別なく愛しているように見える。素顔と仮面という階層的関係は、そこではきわめて弱いものになっているのである。このようなオタクのコミュニケーション作法こそが、多重人格的な想像力への彼らの近さの土台にあるものではないか。

## コンテクストスイッチャーとしてのオタク：斎藤環

精神科医の斎藤環は、解離をより直接的にオタクのコミュニケーション作法に結びつけて捉えた（斎藤［1996］）。オタクとは、斎藤によれば、解離傾向と表裏一体のつきあいのコミュニケーションによって特徴づけられるものだ。すなわちそれは、虚構のコンテクストへの強い親和性を持つとともにコンテクストを切り替える高度な操作能力を備えた人々のことである。「虚構」という言葉から想像されるように、この態度はマンガ、アニメ、ゲーム等々の作品に対する関わり方をまずは意味している。彼らは、それぞれの作品を成り立たせている様々な引用関係を繊細に読み解くのみならず、マンガ・アニメの二次創作等に典型的に見られるように、それらの作品を異なったコンテクストに置き直して鑑賞する。

しかしそれだけではない。ここで彼が使っているコンテクストという概念はグレゴリー・ベイトソン由来の用語であり、単純な解釈が難しいものであるが、少なくとも対人関係のコンテクストを含むものでもある。すなわち作品に対する態度だけではなく、作品をめぐって構成される読み手の仲間集団のうちでのコミュニケーションにおいても、コンテクストを切り替える能力が発揮されるということだ。当然そこには先ほど触れたようなオタク趣味系の友人とそうでない友人との間でつきあい方を切り替えるという営みも含まれることになろう。

コンテクストという言葉をそのように理解した上で斎藤の議論を整理すると次のようになる。オタクとは、作品世界についてにせよそれをめぐる対人関係についてにせよ、複数の異なる文脈をそれぞれ等価に並んだものと見なした上で、それらを切り替えながら使い分けていく能力にたけた人々のことである。あるいはそのような能力に依存する形で運営される人間関係がマンガ、アニメ、ゲーム等いわゆるオタク的なサブカルチャーをめぐって組織されているとき、そこにオタク的なものが現れるといってもよい。前章で見たように、ここでもオタクはコミュニケーション作法に関わる現象として理解されている。そして、中島梓が、やおいにおける解離を虐待に結びつけて理解したのとは対照的に、斎藤はそれをある種の能力の高さと捉えていることに注目しておこう。

ここで注意すべきなのは、この複数のコンテクストを等価なものとして扱うという態度が、何にもコミットしない醒めた態度を意味しているのではないということだ。斎藤はこういう。

このことは「真実などどこにもない」という、ポストモダン的ニヒリズムのようにも見えるが、実際には諸コンテクストにおける局所的な熱狂をもたらすのである。（斎藤［1996: 194］）

斎藤がオウム真理教をオタクとならべて論じるのは、まさにこのことを明らかにするためだ。そもそもオタクとは、一般の人々が見向きもしないようなものに向ける度を越した愛着によってこそ特徴づけられるのであった。すべての虚構コンテクストが等価であるという認識は、彼らが特定のコンテクストにおいては熱狂を示すということを妨げないのである。

複数のコンテクストの相対化と使い分け、にもかかわらず個々のコンテクストにおいて示される熱狂。これらは、先に示した状況志向の特徴に通じるものだ。すなわち状況志向もまた、場面によって異なる顔を見せつつ、ときに友人と我を忘れて熱中して話すことがあるというのであるから。ここでもまたオタクは特殊な例外というよりも、オタクではない人々も含めて多くの人々が共有しているある志向性をわかりやすく強調して表現しているというべきかもしれない。

## 資本主義の運動としての解離：大澤真幸

そのことをよりはっきりと表現しているのは、社会学者の大澤真幸である。オタクが示す解離の傾向は、資本主義という運動のある局面に対応した、その意味でこの社会を生きるすべての人々がいくぶんかは巻き込まれざるを得ないような事態、その意味で構造的といってよいような事態であると彼はいう（大澤［2004］）。大澤がはじめに着目するのが批評家・東浩紀の次のような議論だ。東によれば、古典近代的な自己と世界との関係はある時期以降大きく変容しており、日本の文脈においてそれはオタク系サブカルチャーの変容として顕在化している。その変化の最も具体的な現れは、深層から表層へと階層的に構造化された古典近代的な自己のあり方の失調である。それにともなって自己は深層とのつながりによって担保されていた一貫性や一元性を次第に弛緩させ、多元性・複数性を顕在化させていくのだという（東［2001］）。

大澤は、東のこのような議論を受けて、オタクたちが示す奇妙な情熱のうちに現代社会において進行する自己多元化への圧力を見て取った。彼らが愛好するのはしばしばプレーヤーの選択によって結末が分岐するようないわゆるマルチエンディング型のゲームである。そして彼らはそこで展開される物語に没入するわけだが、大澤が注目する情熱はその没入それ自体に関わるものではない。そうではなく、オタクたちが、その没入をすべての可能なシナリオに向けようとすることだ。つまり彼らは、ゲーム内部に潜在しているすべてのシナリオを踏破しようという独特の情熱を示すのである。オタクたちのこのような態度のうちに、今日の社会に遍在する多重人格（解離）化への圧力と同型の志向性を見て取ることができると大澤は考えた。なぜなら、オタクたちのこのような態度から振り返って見たときに、多重人格とは「人生そのものがマルチエンディング・マルチストーリーのゲームと化してしまったような状態」のように見えるからだ。

オタクの情熱の奇妙さは、彼らがゲームのキャラに対して向ける純愛といってよいような感情を考えてみれば理解しやすい。彼らは、一人のキャラに純愛を捧げる。だがその純愛のシナリオを最後までたどってしまうと、今度は別のキャラへと純愛を捧げるのである。個々の関係における純愛とそのような関係の複数並立。それがこの奇妙さを際立たせる。これは個々の場面で異なった（ときには相互に矛盾する）顔を見せながら、それぞれの文脈においては情熱的な関与を示すという状況志向に通じるものだ。

しかし、と大澤はいう。人間の自己が多様な要素、多様な顔からなっていることを考えるなら、それはいつでも多元化しかねないような何かということになりはしないだろうか。あるいはこういってもいい。自己とは多元化してしまう方が自然であり、単一の同一性を保持していることの方がむしろ奇妙なのではないか、と。もしそうだとしたら問うべきはむしろ、なぜこれまで人は自己を一貫性を備えたものと見なし得たのか、なぜこれまで人は多重人格にならずにすんできたのか、ということになるはずだ。

この問いに対して大澤は意外な答えを提示する。私の同一性とは、私が何であるかということによってではなく、私が現に何でないのか、あるいは（反実仮想において）私が何であり得たのかという偶有性によってこそ支えられているというのだ。同一性を支えているのは、その同一性を満たしている何らかの具体的な内容ではなく、むしろどのような内容がそこを埋めるのかが可能性として開かれてあるという意味での偶有性なのだ、と大澤はいうのである。

偶有性とはいわば糊代《のりしろ》のようなものであり、それが何者でもないからこそ複数の自己をつなぎ止めておくことができる。オタクの情熱は、そのような糊代を食いつぶし、潜在化していた自己の多元性を露呈させてしまうのである。そしてこのオタクの情熱は、実のところ、オタク以外の多くの人々が広く分かち持っているある志向性の先端的な形態にほかならない。この志向性、すなわち偶有性をことごとく具体的な内容で充塡し、未定の糊代部分を浸食していく欲望の方向性こそが、今日の自己を特徴づけるものだ。

大澤によればこのような欲望の背後には資本主義の運動がある。資本主義という言葉を用いる際に大澤が意味しているのは、単に経済制度のあり方だけではない。資本主義的な市場を含め、様々な差異を何らかの「価値」として位置づけていく普遍化の運動そのものを大澤は資本主義と呼ぶのである。言い換えると、資本主義とはある時点では唯一絶対であると信じられている規範を、その外部を見いだすことによって相対化し、より普遍的な規範の下に位置づけ直ししていく運動である。ある時点で絶対的だと思われていた規範が後の時点ではより普遍的な規範に下属する相対的で特殊なものであると見なされるようになる。

しかし、資本主義の運動が反復され、規範の普遍性が上昇するにつれて、それを他であり得るものとして位置づける「外部＝偶有性」が消費されていく。この偶有性の縮小過程の一端として自己の多元化への志向性があると大澤は考えるのである。考えてみれば、オタクがその中に登場してくる消費社会とは、このような相対化の運動が誰の目にも明らかになった段階ではなかったか。

この資本主義の理解の仕方をはじめ大澤の説明についてはいろいろ議論があり得るが、ここで確認しておきたいのは、自己の多元化傾向が顕在化していること、およびそれがオタク文化というレンズを通すことによってよりくっきりと浮かび上がってくるという点でここで取り上げた3人（他の点では彼らは様々な不一致を示しているのだが）が一致しているということだ。

結局、オタクはここでもまた自己を語る際の一つのモデルケースとなる。では調査データおよびオタク論から読み取れる自己の多元性と、「希薄化」論との関係はどのようなものになるのだろうか。多元性はどのようにして希薄性へと読み替えられてしまうのか。この点を最後の節で確認しておこう。

## 4 多元性から希薄化への読み替え

前章では、天野義智のアイデンティティ論を紹介し、彼の描き出す現代的な自己の二つの類型（繭化体／独身者の機械）がオタクの二つの見え姿に対応しているのではないかと論じた。すなわち彼らは一方において特定の他者や対象に対して過剰なまでに親密で濃密な関係を持とうとするのだが、他方において様々な関係から逃れ去ろうとしてもいる。そしてこのようなオタクの見え姿は、それに仮託して若者全体を語るためのある種の典型例として扱われた。

そのような扱い方に根拠がないわけではない。前章で見たように平均的に見れば若者の友人関係は親密性や濃密性の度合いを高めているように見えるからだ。しかしそこには奇妙なねじれも見られる。というのも、そのような語りにおいて若者の濃密化する親密さには目が向けられず、関係を忌避する側面にのみ注目が集まり、若者の友人関係は希薄であるという語り方ばかりが流布していたからだ。

そのような希薄さは、若者の実際の友人関係ではなく、むしろ大人の側の「目」の方にあるのではないかとまずは考えられる。だが、それでは「独身者の機械」として描き出されたあり方は大人の視線が生み出した幻ということになるのだろうか。そうではない、ということを本章では示してきた。若者の側にも変化はあった。彼らの友人関係は希薄化したのではなく状況志向化／フリッパー志向化したのであり、それに対応して、彼らの自己は多元化していったのである。

あらためて「独身者の機械」についての天野の説明を見てみよう。

独身者の自己は、異質な諸要素に介入された複合態として感受される。独身者の機械は、分裂者（スキゾ）である。この分裂的な混成系は、自己につよい緊張を強いる。アイデンティティの統一や安定を得ることなく、自己はつねに不安と葛藤を強いられる。その極端なかたちを、ある種の分裂病者たちにみることができる。彼らは強迫的な常同行為などの防衛によって、みずからをさらなる分裂と異化へ押し流す力にかろうじて抵抗し、脆い同一性の維持をはかる。しかし、潜在的な欲望によって、その存在は抗いがたく異化の方へ押しやられていく。〔天野［1992:24］〕

自己のこのようなあり方の要は、関係の忌避であるよりはむしろ、自己を異化していこうとする欲望にこそ認められるべきではないか。たしかに彼らは「固定的な社会領域に組み込まれることをすべて桎梏と感じ、それを逃れようとする」〔天野［1992:24］〕。だがこのような関係の忌避は「分裂者〔スキゾ〕」であることの帰結に過ぎない(4)。

本章で見てきたことを踏まえていえば、このような描像は多元化する自己にこそ対応するものなのである。

それではこのような変化が希薄化へと読み替えられてしまうのはなぜなのか。

この問いについて考える上で手がかりとなるのが2節で触れた浜口恵俊の「間人主義」論だ。いわく、欧米型の「個人主義」においては個人の内部にある基準により外部への働きかけが制御される〔インサイド・アウト〕のに対して、日本においては外部〔相手との関係〕に準拠して自分の振る舞い方が制御される〔アウトサイド・イン〕。このようなアウトサイド・インの人間関係〔および自己のあり方〕の様式のことを浜口は「間人主義」と名づけたのであった。

一見するとこのような振る舞い方は、関係に応じて異なった顔を見せるという状況志向の人間関係によく似ている。だが注意してもらいたいのは、友人関係の状況志向化がおおむね1980年代末からの変化であると推測されるのに対して、浜口のいう「間人主義」はそれ以前から存続する型だと考えられているという点だ。よく似た二つの振る舞い方の間にどのような違いがあるというのだろうか。

ごく単純にいえば、その違いは文脈間の可視性の高さであるといっておくことができる。間人主義と状況志向との共通性は、相手に合わせて異なった振る舞い方をするという点だ。しかし、ある関係における振る舞い方を別の関係における相手側から見たときの見え方が異なる。例えば、間人主義的な振る舞い方においては、ある人に対してどのような振る舞い方をするのかについて、別の関係に属する人たちからも見通しが立てやすい。年長者には年少者に対するのとは異なった態度をとるだろうし、家族に対する振る舞い方と友人に対するそれとでは違うだろう。このような違いを、相互行為に関わる人々がおおむね認識し合っている（と想定されている）。

他方、状況志向の場合、友人Aに対してどのように振る舞っているのかを、他の文脈における友人であるBには見通すことが難しい。この場合、相互行為に関わっている人々は、互いが別の文脈でどのように振る舞っているのかについて見通しを（持っているという想定を）共有できない。

間人主義においては相手に応じてどのように顔の使い分けがなされているのかについて共通了解があるのに対して、状況志向においてはそのような共通了解が成立しにくい。あるいは両者の違いは、使い分けの規則がどのようなものであるのかについて共通認識を持てるか持てないかにかかっているということもできる。

日本社会を間人主義によって特徴づけることがどの程度妥当であるのかについてはおいておこう。ここで注目しておきたいのは、状況志向的な振る舞い方は、大人の側から見ると、文脈間の連関や全体の見通しが立てられないゆえに、その場しのぎのものに見えるであろうということだ。彼らが若者の関係を見て「浅い」と感じてしまう理由は、この「その場しのぎ」的な見え方にあるのではないだろうか。

このことを自己のあり方の側からも見ておこう。

間人主義的な振る舞い方にあっては、使い分けの規則を共有し、それに則って人間関係を営んでいる（と相互に信憑し合っている）かぎりにおいて、人はその規則に従うプレーヤーとしての同一性を得ることになる。他方、状況志向的な振る舞い方にあっては、そのような意味でのプレーヤーの同一性は成り立ちにくい。多元的な自己という描像は、後者の状況に対応するものだ。一方において多元的な自己はその都度の関係にできるだけ内在化し、最適化しようとする構えを持つ。その意味ではそれはむしろ「深い」。そしてそこから得られる満足度や充実感は、むしろ以前よりも大きいのである。他方でそれは関係ごとに異なった顔を見せているために他人の目には一貫した像を結びにくい。ときにそれらの顔は「偽もの」「仮面」のようにも見えてしまうであろう。ここで確認したいのは、それが一貫していないが深い関係を享受しているということだ。

しかし、と問いたくなる人もいるだろう。果たしてこのような関係のあり方、自己のあり方は望ましいものなのだろうか、と。少なくともエリクソンならばそれを病理的な状態として見るであろう。間人主義的な基準から見ても、それはあまり望ましいものとは見られないかもしれない。だが天野のように、このような自己の形が現代社会のある帰結として可能となっているものであり、ある場合には望ましいものであるという見方をするものもいる。

最後にこの点について考えてみよう。

## 注

（1）調査概要は以下の通り。
調査地：東京都杉並区、神戸市灘区・東灘区
抽出方法：層化2段抽出法
調査方法：郵送調査法
実施期間：1992年12月から1月（杉並）、1993年7月から8月（神戸）
有効回収票：両地区あわせて1116標本・回収率22・3％
当時大学院生であった私もこの調査に参加し、友人関係に関する項目の分析を担当していた。
（2）状況志向は、因子分析という手法で友人関係のあり方を整理したときに見いだされる三つの方向性の一つである。他の二つは、できるだけ多くの人と交際したいという方向性とできるだけ一人でいたいという方向性であり、それぞれ「社交志向」と「孤独志向」と名づけた。

（3）ただし辻は、現在はこのような見方を撤回しており、多核的な自己モデルは特定の世代あるいは特定の階層に特徴的な現象であった可能性があると論じている。
（4）ここで本文中でも触れた大澤の指摘を思い出しておくべきかもしれない。すなわち「分裂病」のメタファーを通俗化したものが多重人格なのである。

第7章

# 多元的自己として生きること

## 1　多元的自己の広がりとそれへの評価

前章ではいくつかデータをあげながら、今日の日本社会において若者の自己やアイデンティティが多元化しつつあるのではないかと論じた。実はこのような変化は日本独自のものというよりは、むしろ先進社会に共通した傾向であると見ることもできる。実際、自己の成り立ちについて社会学的に解き明かそうと試みた社会学者たちは、自己の現代的な変容の重要な一部として多元化に注目してきた。第1章で触れたリースマンはその最も早い例である。

1990年代以降の議論に目を向けてみるなら、とりわけ興味深いのは、アンソニー・ギデンズとジグムント・バウマンの間に見られる対照性である。ギデンズは、現代社会において自己が被った変容を再帰性の徹底化という形で理解しようとする。自分が何であり、これから何であろうとしているのかをたえず自分自身に問いかけ、その問いへの答えとして選択的に自分自身のあり方を変えていくようなあり方。今日の社会においてはこのような自己のあり方が常態となりつつあると論じた上でギデンズはそれを「再帰的プロジェクトとしての自己」と呼んでいる。すなわち自己とは、何らかの心理的な実体というよりは、再帰的な選択の軌跡として描き出されるような何か、いわば「生活史という観点から自分自身によって再帰的に理解された自己」である。ギデンズはこれを自伝的な物語になぞらえ、今日の社会において人々は各々の自伝をたえず改訂しながら生きていくのだと論じている。
本章の関心に照らして興味深いのは、このたえず問い返され作りかえられていく物語的な自己のあり方を、しかし、ギデンズが多元的であるとは考えていないという点だ。

むろん、個人は特定の場面が要求する基準に自分の外観と振る舞いの両方を合わせることになる。ここから、自己は本質的に分解し始めている――個人は自己アイデンティティの内的な核など存在しないような複数の自己を作りあげる傾向にある、と考えてかかる著述家もいる。だが、自己アイデンティティについての豊富な研究の存在が示しているように、それは単純に間違った考え方である。多様な相互行為場面を通して安定した振る舞いを維持することは、自己アイデンティティの一貫性が正常に保持されるための重要な手段となる。自己アイデンティティが分解する潜在的な可能性は、つねに抑制されている。というのも振る舞いが「身体に安住している感覚」と個人化された物語とのつながりを維持しているからである。(Giddens［1991=2005:112］)

ここで「振る舞い」と呼ばれているのは、個々人が身につけた行為様式のようなものだ。具体的な振る舞いにおいて一貫した型を持つことによって、自分自身の身体についての「安住している感覚」と自分自身についての物語とのつながりが維持される。それが維持される限りにおいて自己アイデンティティが分解する可能性は抑止されているのであって、「複数の自己」

についての議論は単純に間違っている。ギデンズはそういう。一人の人間がつながりをもつ他者の数や多様性が増大し、社会的環境が複雑なものになればなるほど、自己アイデンティティはそれぞれの環境に応じて調整され、結果として複数化していくのではないか、という議論に対してもギデンズはこう答える。

環境の多様性を、多元的な「諸自己」への自己の分解とすることはもちろん、必然的に自己の断片化を促進するものと単純にみなすことはやはり間違っている。環境が多様であることは、少なくとも多くの状況では、自己の統合を促進するものでもありうるのである。

(Giddens［1991=2005:215-216］)

なぜなら多様な環境にさらされる人々は、それぞれの環境に固有の複数の自己を発達させるよりは、より汎用性の高い（とでもいえばよいのか）ただ一つの自己を生み出すであろうから。いわゆるコスモポリタンな人々は、彼が移動し、暫定的にのみ所属する複数の社会的環境に適応するために、どの環境においても提示することのできる自己をいわば最大公約数のようなものとして形成するだろうとギデンズは見る。つまりギデンズはこう考えているようだ。もし自己が複数化するのだとしたらそれはおおいに問題であるだろうが、実際にはそのようなことは起こらない。むしろ、統合が促進されることさえあり得るのだ、と。

他方、バウマンはギデンズとは対照的な見立てを示している。ギデンズが現代社会をしばしばハイモダンと表現するのに対して、バウマンは現代社会の流動性に着目し、これをリキッドモダンと呼んでいる。

リキッド・モダンにおいて、私たちを取り巻く世界は、ほとんど秩序を欠いた断片と化している一方、私たちの個々の生活は、まとまりを欠いたエピソードの連なりに切り分けられてしまっています。（Bauman［2004=2007:38］）

ギデンズが自己の一貫性を構成する軸とみなしていた自伝的物語もまた、「まとまりを欠いたエピソードの連なりに」解体してしまう。このことをバウマンは、特殊なジグソーパズルになぞらえて次のように表現している。

たしかに、ジグソーパズルの片から図柄を構成するようにして、個人のアイデンティティ（複数のアイデンティティ？）を構築する必要はありますが、個々人の伝記は、かなりの数の片（そして、正確にどの程度失われているのかはわからない）が失われている、欠陥のあるジグソーパズルにしかなぞらえられません。（Bauman［2004=2007:83］）

ギデンズの自伝的自己もたえざる改訂を前提にしているという点で流動的なものではあったが、それでもある一時点における自伝はそれなりにまとまりのある完結した自己についての物語になっているということが想定されている。バウマンがいうのは、そのようなまとまりや完結がそもそも成り立たない状況に今の社会はある、ということだ。いくつものピースが欠けているだけでなく、そもそもどのピースが欠けているのかもわからない状態なのだという。

どのピースが欠けているのかわからないということは、逆にいえば、それを「欠けている」と判断するための完全な状態が誰にも想定できないということでもある。だから正確にいえば、そもそも何かが欠けているということ自体もわからない。結局のところ、人は、ごく局域的なところでのつじつまだけを手がかりに、自分でもどこに向かって何をしているのかわからないまま、その作業を続けることになるのだろう。すなわち、

その作業の最終段階で現れるはずのイメージが事前に与えられていないので、そのイメージを構成するのに必要なすべての片が手元にあるのかどうか、テーブルの上の片から正しいものを選んだのかどうか、各片が最終的な図柄に収まっているのかどうか、確信が持てません。(Bauman［2004=2007:83］)

バウマンはこのような状態をここでリキッドモダンの悪夢として描き出しているのである。そうしてみると彼の認識はこうなるだろう。自己が複数化するのは問題であり、実際にもそのようなことが大規模に起こりつつある、と。

ギデンズとバウマンとは、自己の多元化に関わる事実認識の面で対照的な位置を占めている。

ギデンズにとって自己の複数化は起こっていないものであるが、バウマンにとってそれはすでに取り返しのつかないほどに進んでしまっているものなのである。しかしここで注目したいのは、このような事実認識の対照性にもかかわらず、両者ともそれについての価値判断を共有しているという点だ。すなわち、自己の複数化、多元化は問題である、と。

日本社会での自己の多元化を事実として認定した上で、それを否定的に評価している社会学者として第3章で紹介した岩木秀夫がいる。彼の議論は、多元化の否定面を詳述する点でギデンズやバウマンをしのぐ部分があるので、ここであらためて紹介しておく。岩木によれば、1980年代に提示され1990年代に制度化された「個性尊重教育」（さらには「ゆとり教育」）は、当時成熟を迎えつつあった消費社会に適合的な人格を育成しようとする試みであった。そのように形成された若者たちは、第一に、記号的な消費に耽溺する中で自己の統合性を失い、資本にとって都合のよい断片的な欲望へと解体されていく。第二に、そのような断片化のもたらす諸問題は、心理学の枠組によって主題化され、「心の専門家」たちによる管理の対象となる。第三に、そのような資本と管理に対して反抗しようにも、断片化した人格はうまく異議申し立ての運動を組織できない。岩木は、このように論じている。

事実として多元化は進行しているということをここまで示してきたわけだが、本章で検討してみたいのは、多元性についてのこのような評価の妥当性だ。ギデンズ、バウマン、岩木は、それぞれの角度から、いずれも多元的な自己というあり方を否定的に評価している。だが、それはほんとうに否定的にのみ評価されるべきものなのだろうか。ひょっとするとそこには肯定的に評価し、救い出すべき要素があるのではないか。バウマンや岩木は現在の社会のあり方に対して批判的な態度を取っているが、現状を批判し、それを変えていきたいと思うのであれば、むしろ現にあるものの中にこそその手がかりを求めた方がよいのではないか。現状がすべて否定されるべきものであるのなら、手がかりは何も現存しないということになるのだから。

## 2 自己の多元化は生存を助けるか

まずはじめに確認すべきは、先に見たような批判にもかかわらず、自己を多元化することが、流動化する社会における生存戦略として一定の有用性を持つということだ。例えば、社会学者リチャード・セネットは、社会の流動性の高まりに対応しようとして、人格の一貫性を失ってしまったホワイトカラーの人生について著作の中で語っている（Sennett［1998=1999］）。セネットのその著作の原題（『人格の腐食』）が示すように、彼はこれを人格解体の問題として捉えているのだが、しかしそのホワイトカラーの人生はキャリアの観点からすると成功者のそれと見ることができる。というのも彼は、貧しい家庭の出身でありながら、努力を重ねて中産階級にまで上昇したのであるから。その努力の中に含まれていた、頻繁な地理的移動やそれにともなう社会関係の再編、また新しい環境ごとに形成されるその都度の自己、そういったものが彼の人格の一貫性を損なってしまったというのがセネットの議論である。だが、逆にいえば、自己の多元性こそが彼の社会的成功を支えていたということもできる。

多元性が社会的成功にとって有用であり得るという可能性は、ふりかえってみればエリクソンでさえ認めていたものである。エリクソンは、たえず移り変わり安定した同一性を構成し得ない自己の振る舞い方をゲームに見立てて次のように論じている。

このゲームをうまく演じ、それに打ち興じることのできる人間は、幸運に恵まれるならば、その特技をアイデンティティ形成の本質的な要素として現代の絶え間ない変動の中に、中心性や独創性の新しい意識を見出していくことでしょう。（Erikson［1974=1979:138］）

絶え間なく変動する現代社会においては、社会の移り変わりに自己の変動が幸運にもかみ合うならば、新しい独創性さえ生み出されるかもしれない。そうエリクソンはいう。

エリクソンの同時代人であったリースマンが、彼のいう「他人指向」の人格類型に見いだしたのも同じような可能性であった。準拠する他者が変わるごとに、見せる顔が異なるというその振る舞いの型は、しかし、リースマンの考えでは社会に適応して生きていくために誰もが多かれ少なかれ身につけざるをえない社会的性格なのである。それを身につけることは、その社会でそれなりにうまく生きていく上で必要な条件であるといってよい。したがって、彼の他人指向についての諸々の批判的な語り口にもかかわらず、リースマンもまたそれが社会への適応にとってもつ有用性を認めていたということになろう。

人生を戦略的に構造化し、管理していくために必要な資源は様々に論じられてきた。人的資本、社会関係資本、文化資本等々。これらに加えて、アイデンティティのあり方自体を一定の「資本」と見なすことができるのではないかとジェイムズ・コテは言う（Cote & Levine［2002］）。どのようなあり方が資本として機能するのかは、それを取り巻く社会的な諸条件によって変わってくるであろうが、流動性の高まる今日の社会において多元的であり得ることは、自己の資本としての側面を含意しているとはいえないだろうか。

この点について経験的な研究はそれほど多くはないのだが、ここで大学生を対象にして実施されたある調査の結果を紹介したい(1)。

この調査では自己意識のあり方についていくつかの質問を尋ねている。その結果をあるやり方で整理した上で、自己の多元性を示すと考えられる軸を取り出して得点化してみる（以下、これを「自己多元性得点」と呼ぼう）。この得点と、現在の生活や今後の生活に対してもつ態度や意識、振る舞い方のいくつかとの関係を見てみる。具体的には以下のようなものである。

(1)自己肯定感
(2)自己有能感
(3)時間的展望
(4)対人関係スキル
(5)自己啓発的態度

ちなみにこれらはコテがアイデンティティ資本として定式化したいくつかの要素と重なっている。

それぞれについて簡単に説明しておこう。

(1)自己肯定感

これは「自分を好きですか、それとも嫌いですか」という質問への回答を点数化したものである。

(2)自己有能感

ここでは自分の能力や性質について感じている信頼感を自己有能感と呼んでおく。有能感を感じることのできる分野は様々であり得るが、ここでは大学生の生活のあり方を考慮して以下のような四つの項目でこれを測ることにした。

・自分には他の人にない特技・才能がある
・ルックスは人並み以上だ
・学校の勉強は得意な方だ
・自分は友人関係に恵まれている

(3)時間的展望

ふだん日常生活の中で時間軸を意識しているその仕方のことをここでは時間的展望と呼んでおく。ここでは時間的展望の欠如について尋ねる質問（「何かを深く意識することもなく流れるまま日々を暮らしている」）に注目して、時間的展望を持つものと持たないものとに分けてみる。

(4)対人関係スキル

対人関係をうまくやっていくためのスキルを対人関係スキルと呼ぶ。ここでは心理学においてこのスキルを測るために用いられている尺度から以下の質問を借用した。これらの5項目の点数を足しあわせたものを対人関係スキルの得点として用いる。

・誰とでもすぐ仲よくなれる
・表情やしぐさで相手の思っていることがわかる
・人の話の内容が間違いだと思ったときには、自分の考えを述べるようにしている
・まわりの人たちとのあいだでトラブルが起きても、それを上手に処理できる
・感情を素直にあらわせる

(5)自己啓発的態度

「自己啓発」という言葉がふさわしいかどうかについては議論があろうが、ここでは、生活に対する前向きな態度や、自分自身の向上を目指す態度をこのように総称しておく。具体的には以下のような項目だ。これら5項目の点数を足しあわせたものを自己啓発的態度の得点として用いる。

・新しいことを学ぶことに熱心になる
・好きなことや趣味の活動に夢中になる
・分からないことや知らないことがあれば自分で積極的に調べようとする
・自分で立てた予定通りに実行することが好きだ
・物事に真剣に取り組まないのはカッコ悪い

以上5つの得点と自己多元性得点とが関連性を持っているかどうかを確認する。とはいえ、これらの項目と関連するのは多元性だけではないだろう。そこで一工夫が必要となる。これら5つの項目と関係しそうないくつかの変数を同時に分析に投入し、できるだけ自己多元性得点の固有の影響だけを取り出せるようにするのである。その工夫としてここでは重回帰分析とよばれる分析手法を用いる。結果をすべて示すと煩雑になるので、ここでは全体の傾向を要約したもののみを紹介する（**表1**）。

表をみてみると、性別や難易度が関係しているものもそれなりにあることがわかる。例えば、

**表1　自己多元性と各種変数との関係［要約］**

| | 自己肯定感 | 自己有能感 | | | | 時間的展望 | 対人関係スキル得点 | 自己啓発志向得点 |
|---|---|---|---|---|---|---|---|---|
| | | 特技 | 外見 | 勉強 | 友人関係 | | | |
| 性別 | | −−（男性で高い） | −−（男性で高い） | | ++（女性で高い） | | | |
| 年齢 | + | ++ | ++ | | | + | | + |
| 暮らし向き | ++ | ++ | | | ++ | | ++ | + |
| 大学難易度 | | | | ++ | − | | −− | − |
| 大学所在地 | + | | | | | ++ | + | ++ |
| 自己多元性得点 | + | ++ | ++ | ++ | | ++ | ++ | ++ |

注:「+」「−」の記号は関連の方向性を示す
また、記号1個は5%の有意水準で関連性あり、記号2個は1%の有意水準で関連性あり

対人関係スキルは大学難易度とマイナスに関係しており、難易度が低いほどスキルが高いと答える人が多くなっている。しかしこれらの影響をすべて考慮に入れた上で見てもなお自己多元性得点はほぼすべての項目に対してプラスの関係を持っている。つまり関係しそうな他の変数の影響を取り除いても、自己多元性とこれらの項目との間にはプラスの関係が見られるということだ。

　これら5つの項目は、今日の社会において進路の展望を構造化し、それを実現していくために必要とされる能力に関わっている。いわば生活の基盤を確保するために必要な能力に関わる性質だ。自己多元性得点が、そういった諸性質とプラスの関係を持っているということは、多元的な自己のあり方は

生き延びる上で障害になるどころか、逆に助けになっている可能性があるということだ。ジェイムズ・コテのいうアイデンティティ資本にこのような多元性が含まれると考えると、それは経済資本との関係を通して、社会経済的な格差につながる可能性もある。つまり多元的な自己のあり方を維持できるものが社会経済的に恵まれた位置に上がっていき、そうでないものは恵まれない位置に下がっていく、というように。

自己の多元性が生き延びる上で利点を持っているとしたら、その理由には少なくとも次の二通りのものが考えられる。第一に、流動的な状況に対応するためには自己の方もそれに応じて臨機応変に対応できる柔軟さが必要とされる。そのような柔軟さとして自己の多元性が活かされているというものだ。エリクソンが指摘していた変わり身の早さや、環境への適応の柔軟さというのはまさにこの点に注目したものであろう。

第二に、自己の多元性と表裏一体に保たれている関係の多元性というのがもう一つの理由だ。いくつかの研究が示しているところでは、多様な関係を持っている方が社会経済的に有利な条件を手にしやすい。その典型的な例が、「弱い紐帯」に関する議論だ（Granovetter［1973=2006］）。お互いよく知っていて、頻繁に会うような関係を強い紐帯と呼び、その逆に、お互いのことを必ずしもよく知らず、ごくたまにしか会わないような関係を弱い紐帯と呼ぶ。社会学者グラノヴェターは、転職活動において二つの紐帯のうちいずれがよりよい仲立ちとなるかを調査データに基づいて検討した。結果は意外なものだった。転職後の状況は、強い紐帯を利用した場合よりも、弱い紐帯を利用した場合の方がよかったのである。

グラノヴェターは、その理由を次のように説明した。強い紐帯で結ばれた人々はいわば同質的な情報環境を構成しており、新しい情報が流れる経路としては機能しにくい。ある人にとって強い紐帯で結ばれた複数の人たちは、その人たち同士もまた知り合いである確率が高く、その紐帯を通って伝わってくる情報は、それらの人々によっても共有されてしまっている。転職などのように競争的な文脈においては、新しい情報が入ってきにくいという事態は不利に働く。逆に、そのように緊密に結ばれた関係の外にいくつかの人間関係を持っている場合、そこが新しい情報の供給先となり、競争において有利な状況をもたらす、というのである。このような弱い紐帯を保持している人間は、同時に、お互いよく知っている身近な他人向けの「顔」の他に、身近な人々からは見えないいくつかのつきあいに対応した複数の「顔」を保持することになろう。つきあいが多元化するのと表裏一体で、そのつきあいを通して構成される自己もまた多元化するわけだ。

これら二つの理由のうち、後者についてはメディア利用との関係で格差が拡大されるという議論もある。例えば社会心理学者の池田謙一は、ある調査の結果から、携帯電話のメールを主に使う人々は、コンピュータのメールを主に使う人々に比べて、人間関係が身近で狭い範囲にとどまりがちであることを見いだしている（池田編著［2005］）。先の「弱い紐帯の強さ」を考慮すると、このことは携帯メイルの利用者が、それとは気づかぬうちに、社会経済的に不利な状況に追い込まれていく可能性を示唆している。しかも池田によれば、携帯メールを主に使う人々はコンピュータメールを主に使う人々に比べて学歴が低い傾向がある。つまり、その時点ですでに社会経済的な条件に差があるのに、メディアの利用を通して、その格差がさらに拡大していくのではないかというわけだ。池田はこれを「ケータイデバイド」と呼んでいる。

ともあれここで確認しておきたいのは、多元的な自己のあり方が社会に対する社会経済的な適応において有利に働いている可能性があるということだ。しかもそれはメディアの利用などを介して拡大するかもしれない格差を潜在させてもいるのである。

## 3　自己の多元化は政治参加・社会参加を抑止するか

個々人が経済的に生き延びていくことにとって、自己の多元性が正の意味を持っているらしいということを前節で確認した。しかし人間はもちろん経済的にのみ生きているわけではない。異なる背景をもった大勢の見知らぬ他人と一緒に暮らすという現在の社会のあり方を考えると、政治参加や社会参加は生活の基底をなすもう一つの次元であるといえるだろう。本節では、そのような次元と多元的自己との関係について検討してみたい。

第3章でみておいたように岩木秀夫は自己の多元化が政治参加や社会参加についても悪影響をもたらすと論じていた。彼の言葉を再度引用しておこう。


われわれの人格は解離化・多重化します。不当な不利益をこうむる自分と、それを見つめる自分と、正義を感ずる自分と、他者と連帯して正義をもとめる自分、……それらの自分は一つにつながりません。何やら疲労感と無力感があるだけです。このような解離的・多重的な人格のありようが足枷となって、われわれは、みずからの外部に存在する「社会」に、当事者として関わる能力を失っていきます。（岩木［2004:218］）

岩木が連帯による社会への働きかけに注目しているのはもっともなことである。これまでに何度か指摘してきたように1990年代以降の日本社会は旧来の仕組みが機能しなくなる一方で、新しい仕組みをつくりだすことにもまだ成功していないように思われる。このような時期に若者たちが直面する問題は、しばしば個人の力ではどうしようもない種類のものである。そのような問題に対応するためには、多数の当事者やその周辺の人々が何らかの形で手を結ぶ必要がある。したがって連帯は1990年代以前に比較して、より重要な意味を持つようになってきているのである。

その一方で、岩木が指摘するように、様々な問題を個人の心理的な次元に帰そうとするいわゆる「心理主義化」が強まり、また様々な問題を「自己責任」の形式で処理すべきであるという道徳的な次元での圧力も高まっている。実際、サバイバルのために自己の市場価値を高めることに専ら照準した方策がある種の道徳的権威を帯びながら「自己啓発」の名の下に広がっている（牧野［2012］）。連帯の重要性が高まっているのに、現実には問題を個人単位で処理せざるをえない状況が広がっているということだ。岩木が連帯について懸念するのは正当である。

しかし、そのような状況に対して自己の多元性が持つ関係について考えてみると、その方向は必ずしも岩木が断じるように否定的なものとばかりは限らないのではないか。ごく論理的にいえば、自己の中のある部分だけが連帯に関与するということはあり得る。それどころか、連帯に関与するかなり多くの人々が、部分的にのみそうしているということさえあり得るだろう。

2011年から2012年にかけて原発の停止・廃止を求める多くの人々が官邸前や霞ヶ関に集まった。その集会が解散した後、彼らが飲み屋に行ったり合コンのようなことをしていたりすることについて、揶揄《やゆ》する声もあったのだが、考えてみれば、むしろそのような参加のあり方の方が理解しやすいようにも思われる。生活のあらゆる局面が脱原発・反原発を最優先に組織されているというよりは、様々な関心がゆるいネットワークでつながっているような、そういう状態で参加している人の方が多いのではないだろうか。それらの関心の中には、相互にぶつかり合いかねないものも含まれていよう。例えば、原発を止めたいという理想と、涼しい居酒屋で快適にお酒が飲みたいという欲求と、といったように(2)。

果たしてそのような部分的で断片的な参加のあり方は、「みずからの外部に存在する『社会』に、当事者として関わる能力を失」わせるものなのだろうか。

そこで調査データを用いて、多元性が政治参加や社会参加に対してどのような関係を持つのか試行的に確認してみよう。先に用いた大学生調査と合わせてここでは2007年に杉並区在住の16歳から29歳の男女を対象に実施した調査の結果を参照する（調査概要については第6章を参照)。これは社会参加を主題として行なわれた調査であり、こちらの方が回答者の選び出し方が厳密であり、社会参加に関わる質問項目が詳細にわたっている。

岩木が考える連帯や社会への関わりが具体的にどのようなものなのか、必ずしも明らかではないので、試みに以下の項目に注目してみる。

社会的政治的運動のために署名したことがある

デモに参加したことがある

インターネット上の日記(ブログなど)で意見を表明したことがある(大学生調査:ブログやSNSで政治的な意見を表明したことがある)

政治的・道徳的・環境保護的な理由である商品を買うのを拒否したり、意図的に買ったりする

選挙には行くべきであると思う(大学生調査のみ)

ボランティア活動には参加すべきであると思う(大学生調査のみ)

世の中のほとんどの人は信頼できると思う(一般的信頼)

最後の項目は、一般的信頼を測るために多くの研究で用いられてきた質問である。前節と同様に他の要素の影響も考慮した上で、多元性がこれらの項目に対して持つ関係を見てみる。詳細は省いて結論だけまとめて示せば、**表2**のようになる。

**表2　自己多元性と政治参加との関係**[要約]

| | 杉並区調査 | 大学生調査 |
|---|---|---|
| 社会的政治的運動のために署名したことがある | 関連なし | 関連なし |
| 寄付や募金をしたことがある(杉並区調査のみ) | 関連なし | |
| デモに参加したことがある | 関連なし | 関連なし |
| マスコミなどで意見を表明したことがある(杉並区調査のみ) | 関連なし | |
| インターネット上の政治的討論に参加したことがある(杉並区調査のみ) | 関連なし | |
| インターネット上で意見を表明したことがある | 関連なし | － |
| 政治的・道徳的・環境保護的な理由で商品を買ったり買わなかったりしたことがある | 関連なし | － |
| 選挙には行くべきである(大学生調査のみ) | | 関連なし |
| ボランティア活動には参加すべきである(大学生調査のみ) | | 関連なし |
| 世の中のほとんどの人は信頼できると思う | － | － |

注:「－」は負の関係を示す

すなわち、第一に、連帯の基礎になると考えられている一般的な信頼と自己の多元性の間には負の関係があるようだ。この点では、岩木の懸念にも一定の根拠があるということになろう。しかし第二に、杉並区調査について各種参加の状況を見るかぎり、自己多元性が負の影響をもっている様子は見受けられない。むしろ正負いずれの方向であれ、関係を持っていないと見るのがよさそうだ。他方で、第三に、大学生を対象にした調査では、ネットでの意見表明、購買による参加について負の関係がみられるので、大学生という生活環境が独特な効果を持っている可能性について考える必要があるかもしれない。

確認しておこう。ここで取り上げた

項目についていえば、自己が多元的だからといって参加が抑止されるとはいえない。一般的信頼の低さと多元性とが関連している点には注意が必要だが、社会参加や政治参加の観点から自己の多元的あり方を否定的に評価するのは行き過ぎであるように思われる(3)。

## 4 自己の多元化は倫理的たりえないのか

多元的な自己のあり方は、生存戦略として有用であり、政治参加・社会参加を抑止するという懸念されていた副作用もみられなかった。それでもなお多元的自己に対する不安が残るとしたら、それは人間関係におけるいわば倫理の問題についてであろう。この問題は親密な相手との間でとりわけ切実に感じられる。社会学者の森真一が報告しているある印象的な事例を紹介してみよう(森［2005:8］)。

森が担当する授業で、ある学生が自分の友人についてレポートで触れていた。その友人は、いわゆる恋人の他にもつきあっている相手がいるという状況を続けているのだそうだが、レポートの書き手である学生は、その状況を「ただならぬやさしさ」と好意的に評価していたのだという。なぜそれが「やさしさ」とみなされるのか。その学生によれば友人は次のように語っていた。

本命の彼氏のことは本当に好きだし、いつも彼と一緒にいたいと思っている。でも彼は自分の時間を大切にしたい人で、束縛されることを嫌うし、あまり追いかけられたくないといっている。だから、私も他の人へ気持ちを分散させることで彼への負担を減らしているの。（森［2005:8］）

森は、この説明から、「愛情の分散」あるいはより一般的な言い方をすれば「期待の分散」とでもいうべき新しいタイプのマナーが若者たちの間に広がりつつあるのではないかと推測している。

この学生は「本命の彼氏」という言葉を使っているので、おそらく「他の人」は本命ではないという意味で「浮気」と位置づけているのであろう。その限りで、本命と浮気との間には愛情の真剣さにおいて優劣の差がつけられているようだ。しかし、もしこの差が縮小していったらどうなるだろうか。例えば、複数の人とそれぞれに真剣な愛情を持ちながら並行して交際する、というような関係のあり方がそこかしこで見られるようになったとしたら。いうまでもなく、このようなつきあい方は自己の多元性となじみがよい。だがこれをすんなりと受け入れることのできる人はそれほど多くはないようにも思われる。

多元的な自己は、状況に応じて、相手に応じて、異なった顔を見せている。しかもそれぞれの顔は決して嘘や「仮面」なのではなくその都度の状況や相手に最もよくチューニングされた、その意味では最も正直で誠実な顔である。だとしたら恋愛にあっても、複数の相手とそれぞれにかけがえのない関係を取り結ぶことは可能である。少なくとも論理的には可能であるはずだ。にもかかわらず、多くの人がそこに抵抗を感じるとしたら、それは、かけがえのない関係を取り結ぼうとしている人間に一貫性や同一性が欠けていることへの不快さではないか。それが誰であるのかという点についての不明瞭さが、かけがえのなさを損ねている、といった感じの居心地の悪さ。このような抵抗感、不快さ、居心地の悪さが生じる水準をここではとりあえず倫理と呼んでおきたい。

倫理的な問題が恋愛において切実に感じられるのは、今日の日本において、恋愛がある意味で特権的なものになっているからであろう。すなわち、第一に、恋愛は（おそらく家族関係と並んで）「かけがえのない」ものの代表とされている。第二に、それは、そのかけがえのなさに見合うだけの深さで、そこに関与する当事者が何者であるのかを問うてくるように感じられている。第三に、それは選択的なものと見なされており、そのことと裏腹に、いつ解消されるかわからないという不安を常にともなっている。血縁で結ばれた（と信じられている）家族や親族の場合とは、その点でやや異なっている（もちろん家族も選択的な関係として捉えられる傾向が強まってきているが）。かけがえのなさと自身のアイデンティティへの問いが関係の儚《はかな》さによって強められているために、恋愛は倫理の問題に敏感な局面となる。

だが、恋愛でなくともある程度の親しさが関わってくる局面においては、程度の差こそあれ、同じ問題が浮上してくる。例えば友人関係においては、すでに何度か述べたように、顔の使い分けがある程度作法として定着しているように思われるが、それでもその友人との親しさが強まれば強まるほど、相手に見せていない（あるいは相手が自分に見せていない）顔があり、それが相手の（あるいは自分の）知っている顔とかなり違うものである、ということが判明した場合の居心地の悪さもまた強まるのではないだろうか。

他方で、しかし、このような態度は、相手の状況を内在的に理解した上で、相手に合わせていこうとする配慮に基づくものでもある。この配慮もまた倫理的と呼んでよいような質を持たないだろうか。先ほどみたような違和感は、倫理が一貫性を備えた同一的な自己によってのみ担われるという感覚に基づいていた。自己に対して一貫性や同一性を与えるのは、個々の相手との関係性ではなく、それらの関係性を貫いて作用するある種の規範的な力に対する信憑性であろう。多元的な自己が個々の相手との関係に内在した配慮を重視するのに対して、一貫性・同一性を持つ自己は関係から超越した規範を重視しているのである。

倫理学者のキャロル・ギリガンは、倫理のあり方に二つの異なった型を見いだし、一方を配慮の倫理、他方を正義の倫理と名づけた。ここで見いだされた内在的な倫理と超越的な倫理との違いをそれに重ね合わせてみることもできよう。

例えば、友人からの悩み事の相談に対して、親身に答えようとするといった状況を想像してみよう。一つのやり方としては、自分自身の信念に照らして正しいと思える助言をするというやり方がある。この場合、誰に相談を受けても、相談内容が似通ったものである場合には、基本的に似たような助言をすることになるだろう。表現の仕方にはいろいろバリエーションがあるだろうが、それらの助言はいずれも根本的には同一の信念に結びつけられるものであろうからだ。結果として、異なった相談相手に対してなされたそれらの助言の間にはあまり齟齬《そご》はみられないだろう。

しかしもう一つ別のやり方も考えられる。相手との具体的で個別な関係に内在し、その関係において最も相手のためになる言葉を探そうとする態度がそれだ。この場合、似たような相談であっても、その相手が違えば、相手に応じて異なった助言がなされることもある。ときには、それらの助言の間に整合性や一貫性が欠けている場合もあるだろう。しかし、そのことはその人が嘘をついているとか、その場しのぎのいい加減なことを言っているということを意味してはいない。むしろその都度の相手にできる限りよりそって言葉を選んでいるのだとさえいえる。

いうまでもなく、前者が一貫した自己の対応であり、後者が多元的な自己の対応である。前者が倫理的であり、後者が倫理的ではない、というよりは、両者は異なったタイプの倫理であると見た方がよいのではないか。

それでは先ほど見た恋愛の問題はどうなるのだろう。複数の相手と同時に真剣な恋愛関係を持つことは倫理的に許されるのであろうか。作家の平野啓一郎は、自己の多元性を認め、これを個人主義に対する分人主義としてモデル化した上で、恋愛に関しては一人を選ぶ方がよいかもしれないということを逡巡《しゅんじゅん》しつつも示唆している（平野［2012］）。分人ごとに異なる相手（の異なる分人）との恋愛関係が持たれることが論理的にはあり得るが、作家としての彼は「やや保守的な着地点に辿り着いた」と振り返っている（平野［2012:141］）。しかし最終的に一人だけを選ぶのだとしても、複数との間にそれぞれに対する真剣な恋愛があり得る、という可能性や幅・余地のようなものを許容しておくことは大切であるように思われる。
一人の人間の中に保たれた幅や余地が重要なのは恋愛においてばかりではない。例えば尊厳死をめぐるある対談の中で川口有美子と大野更紗とが、死をめぐる意思の揺れについて興味深い発言をしている。自分自身難病を抱えた大野はいう。

一回「死にたい」と言っても、その後やっぱり「死にたくない」と思いなおす。すごく揺れるんです。（大野・川口［2012:57］）

これを受けて川口は、尊厳死において想定されている「意思」についてこう語る。

尊厳死というのは、周りの人から何を言われても自分で決めたのだから、絶対死ぬんだという決意を貫き通せという話です。（大野・川口［2012:59］）

自分の意思で決めたことを貫き通すことがあってもよい。しかしそこに揺れがあることを受け入れるべきではないかと二人は語る。この揺れが生じる場こそが先に触れた幅や余地なのである。自己が多元的であることを許容することが、揺れの幅を受け入れることにつながるとすれば、そのこともまた倫理的な質を持つことになるだろう。
この「揺れ」の可能性は、またときに自分の身を守る手段ともなる。本書の第1章でも触れたように、今日の社会において自己は多元化していくと同時に、「あなたは何者なのか」という問いにたえずさらされてもいる。多元化が進めば進むほど「何者なのか」について説明が難しくなるので、この二つの方向は必ずしも折り合いがよくない。若者たちはこのような状況に対していくつかの対応策を工夫してきた。「キャラ」と表現されるような振る舞い方もその一つだろう。複数のキャラを保有することで、一方では自己の中の振れ幅を保ちながら、他方ではある種のわかりやすさを演出する。キャラはこの場合単なる仮面ではなく、相応に正直な自分の提示である（だからこそキャラを否定されると傷つく）。ある関係におけるそれなりに正直な自己をそれなりにわかりやすく表現したもの、それがキャラであるからだ。キャラは無から作り出される「偽もの」「仮面」では必ずしもない。キャラ的な振る舞い方を大人たちは不信や懸念あるいは憂慮の目で眺めるが、それは若者たちなりの誠実さであると見ることもできる。(4)

このような工夫を指して作家の朝井リョウは「保険」という比喩を用いて肯定的に語っている。一つのキャラで失敗しても、別のキャラが残っていると思えることが救いになるというのである。(5)

子どもが自分を装っていることに気づき、親や大人が不本意に思うこともあるでしょう。しかしギリギリのバランスで成立しているのが子どもの世界。（朝日新聞２０１１年1月29日朝刊）

おそらく「ギリギリのバランスで成立している」のは子どもの世界にはかぎられない。若者たちは誠実さをできるだけ損なわずにこの社会を生きていくためにキャラという様式を選び取る。その意味でキャラとは、自己の多元化の倫理的な側面を示すものだとみることができる。

## 5　出発点としての多元的自己

本章では経済的、政治的、倫理的という三つの観点からなされてきた自己の多元性に対する否定的評価を再検討してきた。いずれの観点に立ってみた場合にも、否定的な評価には必ずしもしっかりした裏づけがあるわけではないように思われる。もちろん多元的自己が無条件に肯定されるべきであるということをそれは意味してはいないが、少なくとも性急な批判についてはもう少し慎重になるべきだとはいえるであろう。

そのことを確認した上で、本書の初発の問いに立ち戻ってみよう。

若者とは誰のことなのか。

個々の若者にとって、この問いはもう一つの問いによってのみ答えられることになる。そこで問われている「誰」とは、どのような関係におけるものなのか、と。若者たちが自分自身の自己を形成し、提示し、確認し、実感し、ときに調整したり再構成していくのは具体的な個々の関係に応じてのことだ。具体的なそれぞれの関係に応じて立ち上がる自己のあり方は、ときに食い違い、矛盾しさえするのだが、それでもそれなりに「ほんとうの自分」であると感じられてもいる。そのような自己についての問いとしてみたときに「あなたは誰なのか」という尋ね方は決定的に不十分なのである。そのような問いを差し向けられた若者はしばしばこのように感じることであろう。いったいそれはどのような関係にある自分のことを尋ねているのか、と。

大人の目に映る集団としての若者のアイデンティティについても同じことがいえる。若者とは誰のことかと問いかけたときに、答えとして返ってくるのはもう一つの問いであろう。いったいそれはどの若者について尋ねているのか、と。考えてみれば、ある時期まで若者をひとまとまりの集団として扱うことができていたのは、彼らのライフコースやライフスタイルが比較的似通った形に標準化されていたからではなかったか。どのように生きるのかという点で選択の余地が少ない状況にあっては、彼らをひとまとまりに扱っていてもあまり問題は生じまい。その意味で、若者というアイデンティティは戦後日本のある時期に成立し安定していた諸制度の相関物ということになるのかもしれない。

1980年代に進展した消費社会化は彼らのライフスタイルを多様化していき、1990年代に入る頃には「島宇宙化」とさえ形容されるほどにまでなった。ついで1990年代以降には社会経済的な状況の変動にともなって就職や結婚など人生の節目となる移行が従前のように滑らかには進まなくなるとともに、そのタイミングも人によってばらつきの大きいものとなる。このような状況にあっては若者をひとくくりにして扱うことは難しい。男性なのか女性なのか、大都市部に住んでいるのか地方に住んでいるのか、「正社員」なのかバイトなのか、等々、そういった違いが「若者」と一口に語ることを頓挫《とんざ》させてしまう。

このような変化の上に、さらに若者の振る舞い方の文脈ごとの変化が重なり合う。このことは若者が何者であるのかについての見通しをさらに不透明にするであろう。そもそもどのような文脈を持っているのかという点で若者は一様ではない上に、文脈ごとの使い分けがどのように行なわれているのかについてもまた一様ではないからだ。若者とは誰のことか、という問いはここでもまた決定的に不十分なのである。

しかし大人たちはしばしばこの問いの不十分さを認識する代わりに、過去の残像を参照しながら多元性をアイデンティティの喪失として理解しようとしてきた。このような理解は二重の意味で誤っている。第一に、そこで失われたものとしてしばしば参照されるエリクソン的な意味で統合されたアイデンティティは過去にも存在していなかった。それは、何かが失われたという現在の痛切な実感が過去に向けて投射したある種の理想＝仮想にすぎない。実際に失われたのは、文脈ごとの振る舞い方の違いを総体として見通し得るような「場」なのである。第二に、多元性とは統合の「喪失」なのではなく、統合がそうであったのと同じ程度には、現実の社会への積極的な適応形態であることを彼らは見落としている。もちろん多元化した自己のあり方についていろいろな問題点を指摘することはできるだろう。それは本章で見てきた通りだ。だが「場」に包摂されたアイデンティティ、あるいはエリクソン型のアイデンティティについても同じように問題点を指摘することはできる。要するにいくつかの問題を抱えながらも現在の社会に適応するための自己の様式であるという点でそれらは等価であるということだ。

念のためにいっておくが、自己が多元化すれば万事がうまくいくなどということをいいたいわけではないし、自己のあり方をめぐる現状をすべて肯定すべきだといいたいわけでもない。繰り返すが、社会への適応様式はつねに問題点をもともなうものであり、多元的自己も例外ではない。重要なことは、多元性によって適応することを求めてくるこの社会のあり方を批判する場合でさえ、現に多くの若者が採用している自己のあり方をまるごと否定するところからはじめるのは現実的でないということだ。新しい自己のあり方を模索するとしても、その模索の足場や可能性は現に存在するもののうちに見いだすべきではないだろうか。多元的自己だからよいのでも、多元的自己だからだめなのでもなく、より生きやすい生き方、より生きやすい社会を模索していく上での足場や手がかりとしてどれだけ有効に活かせるか、そこが重要だ。そのような足場や手がかりの所在を浮かび上がらせるためになるのであれば、若者とは誰のことかと問うてみることにもそれなりの意義があるはずだ。

## 注

（1）調査概要は以下の通り。

調査主体：青少年研究会（若者研究に従事する研究者たちの集まり）

実施時期：2010年9月
対象：全国の26大学の学生（主に社会科学系の学部・学科）
実施方法：授業において配布回収
回収数：2920名

（2）これは何も脱原発・反原発のように左翼・リベラル的な色彩の強い運動には限られない。韓流批判に端を発するフジテレビ批判運動においても似たようなことは観察される。すなわちこの運動への参加者はそこで出会った相手と恋愛関係になることもあるという（実際、同運動の代表は初代、二代と、運動内部での恋愛が発端となって代表を辞任している）。そこではある目的をもって参加することと、そこで恋愛の相手を見つけることとは緩やかに共存しているのである。

（3）鈴木健は自己の多元性を前提にして分人民主主義という考え方を提起している（鈴木[2013]）。このシステムは投票権を分割して他人に委任できるところが肝なので、一般的信頼と多元性との関連について特に注意が必要だろうと思われる。

（4）もちろん懸念や憂慮にそれなりの根拠がある場合もあろう。例えば鈴木翔[2012]は、いわゆるスクールカースト（学校のクラス内の人間関係における序列）において移動が生じた際に、当人の望まないキャラを演じるように強いる可能性があると指摘している。

（5）ちなみに平野啓一郎も分人主義の利点の一つをリスクヘッジと表現しているし（平野[2012]）、批評家の佐々木敦も単一のアイデンティティに閉じ込められる苦しさからの逃げ道として多重人格的であることを推奨している（佐々木[2011]）。このような考え方の背後には、統合されたアイデンティティとして生きることの方がむしろリスクの多いものになっているという感覚が垣間見える。しかもそのリスクは経済的なものにとどまらず、他人や自分に向き合うときの根本的な態度の取り方に関わるという意味で、倫理的な質のものでもあるといえそうだ。

補章①

# 拡大する自己の多元化
# ——世代・時代・年齢

若者において自己の多元化が進んでいく状況について本篇では述べた。本篇で主に参照したのは、東京都杉並区と兵庫県神戸市灘区・東灘区に住む16歳から29歳の男女を対象とした調査であった（最新の調査の全体像については藤村・羽渕・浅野編［2015］を参照されたい）。増補の機会を与えられたので、ここではより広い範囲の人々を対象にした調査データを用いて、多元化が進行していく際のいくつかの様相を取り出してみたい。

用いるのは、モバイルコミュニケーション研究会が２００１年および２０１１年に全国の13歳から69歳までの男女を対象に行なった調査のデータである（この調査の全体像については松田・土橋・辻編［2014］を参照されたい）。回答者を選び出すやり方は、青少年研究会の調査の場合と同様に、偏りをなるべく少なくするようなものであり、信頼できるデータである。

## 1　自己意識の構造

この調査においても自己意識について多くの質問を尋ねており、それらから自己の多元化が進行していく様相をみることができる。まずは、２０１１年調査における若年層（10代と20代）に注目して、それらの項目をあるやり方で分類・整理してみる（**表1**）。

用いたのは因子分析という方法で、これは複数の項目の背後に潜在する少数の要因（因子）を発見するための技法である。例えば、**表1**では結果として三つの因子が見出されており、それぞれ対応する数字が網かけになっている質問項目と関連が深いものである（各セルの数値はその関連性の向きと強さとを示す）。それらの質問項目との対応に着目して、それぞれの因子につけた名前が「多元性因子」「自己確信因子」「視線敏感因子」である。

これら三つの因子は、自己意識の（正確にいえば、これらの質問項目によって把握しうる限りにおける自己意識の）三つの軸となる（ゲームのキャラクタのパラメータのようなものと言えばよいだろうか）。

ここで注目したいのはもちろん「多元性因子」だ。この分析結果が意味しているのは、四つの質問項目（「本当の自分というものは一つとは限らない」等々）がいずれも「多元性因子」という一つの潜在的な要素の現れであるとみなしうるということだ。**表1**には若年層のみの結果を示したが、同じ分析をすべての年齢層および中高年層（30代・40代および50代・60代）について行なった場合にもほぼ同じ結果が出る。つまり、年齢層にかかわらず、多元化しているかどうかという軸は自己意識の骨格の重要な一部をなすということだ。これがおさえておくべき点の第一である。

とりわけ「多元性因子」と「自己確信因子」がどの年齢層においても一貫して別の因子とし

**表1　10代・20代の自己意識項目の因子分析：パターン行列（プロマックス回転後）**
［モバイルコミュニケーション研究会調査より］

| | 因子 | | |
|---|---|---|---|
| | 多元性因子 | 自己確信因子 | 視線敏感因子 |
| 本当の自分というものは一つとは限らない | .812 | .019 | -.071 |
| 場面によって出てくる自分というものは違う | .721 | -.107 | .097 |
| 私には本当の自分と偽の自分とがある | .696 | -.045 | -.099 |
| いくつかの自分を意識して使い分けている | .504 | .198 | .067 |
| 私には自分らしさというものがある | .123 | .767 | -.049 |
| 自分には他人にはないすぐれたところがあると思う | .129 | .652 | .048 |
| あなたは、今の自分が好きですか。それとも嫌いですか。 | -.156 | .539 | -.025 |
| どんな場面でも自分らしさを貫くことが大切だと思う | -.028 | .405 | .123 |
| 自分がどんな人間かはっきりわからない | .275 | -.386 | .103 |
| 世間から自分がどう思われているかが気になる | -.058 | -.024 | .854 |
| 仲間に自分がどう思われているかが気になる | .019 | .071 | .848 |

て抽出されることに注意しておこう。つまり多元的であるということはアイデンティティに対する確信を持っているかどうかとは別の次元に属しているのである。言い換えれば自己が多元的であることが必ずしも自分自身についての確信の欠如を意味しているわけではないということだ。ここから窺われるのは、自分自身についての自己確信を核とするエリクソンのアイデンティティ論の枠組からは外れたところに自己の多元性が位置しているのではないかということだ。

しかし、年齢層による違いにも注意しておく必要がある。**表1**において「自己確信因子」と関連性の深い「自分がどんな人間かはっきりわからない」という質問項目に注目してほしい。この項目に対応する数値の符号を他の項目と見比べてほしいのだが、これが意味しているのは、この因子は「自分がどんな人間かはっきりわからない」のではないということと関連を持つ（「自己確信因子」と名づけたのはそれゆえである）。実は、この項目は中高年層の分析結果においては「多元性因子」（に相当するもの）との関連が最も強くなる。

「自分がどんな人間かはっきりわからない」という感覚は、エリクソンの「アイデンティティ拡散」に通じるものだ。本書では「アイデンティティ統合／アイデンティティ拡散」という対を核とするエリクソンのアイデンティティモデルに疑問を投げかけることから出発した。ここでの分析の結果は、統合されているとはいえないが「アイデンティティ拡散」であるわけではないような「多元性」が若年層において見出されたということを意味している。それと同時に、中高年層においては多元性は「拡散」との関連性も深く、その限りでエリクソンモデルの妥当性がそれなりに残存していることも示唆されている。つまり今日の日本社会には、自分自身を振り返ったときに多元性が拡散であると実感される人々（中高年）と多元的ではあるがそれが必ずしも拡散だとは感じられない人々（若年層）とが並存しているということだ。

次にこの結果を用いて2001年と2011年との比較を試みよう。

2001年の調査においても同様に自己意識についていくつかの質問を尋ねている。これらを用いて先ほどの2011年データの場合と同様に年齢層ごとに因子分析を行なってみる。質問項目が少しだけ異なる（「自分には他人にはないすぐれたところがあると思う」「あなたは、今の自分が好きですか」という質問が2001年調査には含まれていない）ので厳密な比較はできないが、2001年データ（の三つの年齢層のいずれ）においてもほぼ同じ三つの因子が抽出される（紙幅の都合上、結果表は割愛する）。したがって、2001年においても、自分自身について確信を抱きうるかどうかというエリクソン的なアイデンティティの問とは別のものとして多元性の高低という軸が見出される。

他方、以下の違いに注目しておくことも重要だ。

第一に、2001年のデータを用いた因子分析の結果では全年齢層においても、上記各年齢層においても、「自分がどんな人間かはっきりわからない」という質問は自己確信因子と最も強く関わるという結果になっている。つまり自己拡散と自己多元化との相互の独立性は2001年の方がよりはっきり現れているといってよい。2011年の場合、明確に独立していたのは若年層のみで、中高年層においては自己拡散は多元化の軸を構成する要素であるとみなしうるからだ。

第二に、もしそうだとすると若年層をのぞく他の年齢層においては、自己意識の骨格をなす軸という観点から見ると、2001年から2011年にかけて再エリクソン化とでもいうべき事態が進んだと見ることもできる。彼らにとって自己の多元性は、エリクソンのいう自己拡散に再接近していると見なしうるからだ。これが何を意味しているのかについては、今後の課題としておこう。

第三に、このことを世代という観点から見ると、2001年の10代・20代は若い頃には自己拡散と多元性とが別の軸であるような自己意識を生きていたが、30代・40代になったときには両者が接近するような自己意識を生きているということでもある。このことは、分析の際には世代の効果のみならず年齢（加齢）の効果にも注意を払っていくことが必要となることを意味している。

なお、より正確な比較のために2001年と質問を合わせた上で2011年のデータで因子分析をやりなおしてみた結果についても触れておく。具体的には、2011年の自己意識関連項目から「自分には他人にはないすぐれたところがあると思う」「あなたは、今の自分が好きですか」という二つの質問をのぞいて、質問文の構成を2001年と同じにする。表は割愛して結果だけいえば、因子の構成や質問群との関係について最初の分析と同じになる。

## 2　自己多元性得点の推移

以上の点を踏まえて、2011年データから多元性得点を構成してみよう。手順は以下のようになる。

まずはじめに注意しておくべきは、先に触れたように年齢層によって多元性因子の含意が少しずつ異なることだ。このままでは異なる年齢層の間での比較が難しい。そこですべての年齢層について共通に利用できる得点を作成するために、多元性因子と関わりの深い質問項目の中ですべての年齢層に共通しているものを利用する。すなわち以下の四つの項目である。

本当の自分というものは一つとは限らない
場面によって出てくる自分というものは違う
私には本当の自分と偽《にせ》の自分とがある
いくつかの自分を意識して使い分けている

これらの質問はそれぞれ肯定（そう思う）から否定（そう思わない）まで4段階で答えてもらっているので、各段階に4点から1点までの点数をふる。つまり「そう思う＝4点」から「そう思わない＝1点」まで1点刻みで得点を割り当てるのである。そのようにして得られた四種類の得点を合算して一つの得点とする。この得点を自己の多元性の度合いを示す値として分析に利用することにしよう。定義上、この得点は4点から16点までの間の整数値をとることになる。以下、これを自己多元性得点あるいは単に多元性得点と呼ぶことにしよう。

次に注意しておくべきは、先ほどの四つの質問項目が、２００１年の調査においても尋ねられていたということだ。したがって２００１年の調査データから定義上同型の自己多元性得点を計算することができる。そのため、この得点を用いることによって異なる年齢層のみならず、異なる調査時点の間の比較もある程度できるようになる。なお図は割愛するが、２００１年調査、２０１１年調査のいずれにおいても、得点の分布は、真ん中が高く両端に近づくにつれて低くなる山のような形になる。

**表2 年齢層別自己多元性得点の比較**
［モバイルコミュニケーション研究会調査より］

| | 2001年 | | 2011年 | |
|---|---|---|---|---|
| | 度数 | 平均値 | 度数 | 平均値 |
| 10代 | 208 | 10.6 | 168 | 10.4 |
| 20代 | 283 | 10.5 | 163 | 11.1 |
| 30代 | 347 | 9.7 | 224 | 9.9 |
| 40代 | 359 | 9.5 | 274 | 9.8 |
| 50代 | 355 | 8.7 | 267 | 9.0 |
| 60代 | 285 | 8.4 | 329 | 8.1 |

**表2**に示したのは２００１年と２０１１年の調査における年齢層別の多元性得点である（度数とあるのはそのグループに含まれる回答者の数を示す）。傾向をより精細にみるために10歳刻みで一つのグループにまとめてある。この表をみながら、多元化が進行していく様相のいくつかを確認してみる（ただし、以下で指摘する数

値上の差異については統計上の検定を行なっていないので、傾向をよみとるための目安として読んでもらいたい）。

以下ではこの表を三通りに読んでいく。第一にこの表を縦方向に、第二に横方向に、そして第三に斜め方向に、というふうにだ。

まずこの表を上から下へと縦方向にみてほしい。すなわち２００１年、２０１１年各時点において、若年層から中年層を経て高年層へ、という方向で多元性得点をみてほしい。注目すべきは、わずかな例外（２０１１年の10代と20代）を除いて年齢層が上になるに従って多元性得点が下がっていくということだ。このことは、年齢が上がるにつれて自我が統合されるというエリクソンモデルに合致するようにみえる現実が今もあるということを意味している。もちろん多元性の高低と統合の成否はイコールではない（先ほどの自己拡散と多元性との区別を想起されたい）のだが、それでもこのことがエリクソンモデルを受け入れるための実感上の素地をなしていることはたしかであろう。

ここで見出された例外にも注意を払っておこう。２０１１年において（エリクソンモデルとは逆に）10代よりも20代の方が多元性得点が高くなっている。これが何を意味しているのか、のちほど別の角度から考えてみる。

次にこの表を左から右へと横方向にみてほしい。すなわち10代から60代までの各年齢層において２００１年から２０１１年にかけて多元性得点がどのように変化したのかをみてほしい。ここでは二つの例外（10代と60代）を除いて、いずれの年齢層においても多元性得点は上昇している。上昇の度合いには濃淡があり、例外があることにも注意すべきであるが、多元性の上昇が広い年齢層で見られるといいえそうだ。

本篇では、自己の多元化を主に若者の特徴として描き出してきた。実際、先ほどそうしたように表を縦方向に読んでいけば、多元性得点が若いほど高くなる傾向はある。だが、これを横方向に読むことから浮かび上がってくるのは、多元性がより広い範囲で進んでいる可能性だ。例えば、２０１１年に50代であった人びとにとって、40代の人びとは、自分自身が40代であったときよりも多元的に見えるだろう、ということだ。

なおここでも例外、とりわけ10代における多元性の動向に注意しておくことが重要だ。これも先ほどの例外と合わせて次の項目で触れることにする。

最後にこの表を斜め方向にみてほしい。例えば２００１年の10代は、２０１１年には20代になる。その両者の得点を比較してみるのである。同様に、２００１年の20代と２０１１年の30代、等々。これによってみえてくるのは、同じ時期（この場合は10年間という幅を持つ）に生まれた人びとが10年の間に示した変化である。同じ時期に生まれた人びとの集団のことを社会学では「出生コーホート」と呼ぶ。通常「世代」と呼ばれているものは、形式的に定義するなら、この出生コーホートとほぼ重なり合うものになるだろう。

ここで「若者」と「世代」との関係を整理しておくのがよいかもしれない。若者とは文字通り若い（その年齢上の定義は時代によって変化するのだが）人びとの集団である。それはある時点での年齢によって定義される。他方、彼らはつねに特定の出生コーホートあるいは世代に属する。こちらは彼らの出生時点によって定義される。人びとは、成長するにつれて「若者」ではなくなっていくが、生涯にわたって同じ「世代」（出生コーホート）に属する（定義上そうでしかあり得ない）。

ときおり「若者世代」「若い世代」といった言い方を目にするが、これは基本的には二つの概念を混同するものである。例えば団塊世代（全共闘世代でもよいが）は、１９４０年代の後半に生まれた人びとに対して彼らが若かったときに与えられた呼び名であるが、彼らがすでに退職期に入った現在でも同じように用いられる。新人類世代はおおむね１９６０年代生まれの人びとに対して、彼らが若かった頃に与えられた呼び名であるが、彼らが中堅労働力となり少しも「新しく」なくなった（ましてや新「人類」などではありえないことが明らかになった今でも）彼らはそのように呼ばれる。少し前の流行語でいえば、今日の若者を指すのに「さとり世代」という言葉が用いられたことがあったが、彼らは「今日の若者」でなくなっても「さとり世代」（に対応する出生コーホート）に属しつづける。

さて本題に戻って、この表を斜めにみるということは、10歳幅で刻んだ６つの出生コーホートがどのように変化したのかを読み取るということに他ならない。それによってわかるのは二つの例外（２００１年に10代、30代であった人びと）をのぞいて、すべての世代で多元性が減少しているという事だ。つまり、２００１年に20代（40代、50代）であった人は２０１１年に30代（50代、60代）になったときには多元性得点が減少しているということだ。10年という時間の経過は彼らの多元性を減少させる方向に働いているということができるかもしれない。このような変化もまた、エリクソンの統合モデルのリアリティを実感のレベルで支えているものであろう。なぜなら、加齢と多元性得点の減少とがあいともなっているようにみえるのだから（実際には、多元性を構成する要素自体が２０１１年において変わっているという点にも注意）。

例外についても見ておこう。２００１年に10代であった人びとが、10年分の加齢を経て多元性得点を上昇させている。実はこの例外的な上昇が、２０１１年における10代と20代との逆転現象（表を縦に読んだときに見出された例外）を引き起こしているものでもある。このような得点上昇がこのグループにおいてのみ生じているとしたなら、これは彼らに共通する特徴、いわば世代的な（出生コーホート的な）特徴に関わっているとも考えられる。すなわち２００１年に10代だった人びとは、加齢に伴う多元性の減少を示さないという意味でより強く多元的な自己を有するのではないか、と仮説を立てておくことができそうだ。そしてもし彼らが他の世代に比して強い多元性をもつのだとしたら、表を横に読んだときの例外（10代における多元性の減少）もまたある程度理解可能なものになる。

とはいえ、これはあくまでも現時点での仮説である。特に10代は回答者が13歳からであり、他の年齢層と構成がやや異なっているという点にも注意しておかなければならない。実際にこの世代がそのような特徴を持つのかどうかについては、今後の調査によってさらに検討される必要がある。

さて三つの方向で表を読んできた。結果を整理してみよう。

第一に、どちらの時点でも多元性がおおむね若いほど高いという関係があった。第二に、10年の間に、若者のみならず多くの年齢層において多元性得点が上昇していた。第三に、多くの世代において加齢は多元性得点を減少させていた。第四に、しかし、2001年に10代と30代だった人びとにおいて加齢が多元性得点を増大させている。第五に、エリクソン型のアイデンティティモデルの現実味を実感において支えている傾向も読み取られた。

社会学では、しばしば年齢（加齢）、世代、時代という三つの「効果」を区別して把握する。年齢と世代の関係については右で述べたが、その一方で、世代や年齢にかかわらず同じ方向に向かって生じている変化もあり、これを社会学ではしばしば「時代効果」と呼ぶ。三つの効果の間には様々な関係があり得る。それらが相乗する場合もあれば、互いに反発し合う場合もあるだろう。あるいはいずれかの部分のみが突出して現れる場合もあるだろう。このような区別を前提にしていえば、自己の多元化という現象はそれら三つの効果のすべてに関わっているとみることができる。したがって今後の調査研究は、このような三つの効果を識別できるような調査設計と分析枠組をもって行なうべきである。ここでの分析が示唆しているのはそういうことであろう。

## 補章②

# 「若者」はどこへ行くのか

## 1 「若者」の溶解

### 若者論と世代論

『「若者」とは誰か　増補新版』出版以降ほぼ10年が経った。この10年を振り返ったときにあげられる特徴の一つは「若者」の輪郭が曖昧になっているということ、いわば「若者」の溶解である（川崎・浅野［2016］）。

若者の特徴はしばしば世代論の形式を取る。若者論とは、世代論である、といってよい。本来世代論とは出生時点から消滅時点まで一貫して論じるものであるべきだが、多くの世代論は各世代が若い時期の特徴に注目しがちである。その意味では、世代論もまたしばしば若者論である。したがって若者の溶解という現象は、世代論において顕在化する。

21世紀に入ってからの四半世紀を振り返っただけでもいくつかの「世代」名を思い起こすことができる。「ゆとり世代」などはその中でも最もよく知られたものの一つであろう（ただし佐藤・岡本［2014］によればカリキュラムとの関係で定義されたこの名前に実質的に該当する若者はほとんどいないのだという）。ここでは、「ロスジェネ」と「Z世代」という二つの世代に注目してみる。この二つは対照的な形で世代論の困難とそれゆえに若者論の困難を浮かび上がらせる。

## 消えたロスジェネ

「ロストジェネレーション」という名前は、もともと第一次世界大戦の時期に若者であった一群の作家たちを指すものだった。史上はじめての大規模な戦争によって従来の価値観が根底から揺らぐ中で創作を進めた若い作家たちは独特の作品世界を構築することになった。

この言葉は、日本では１９９０年代後半以降に深刻化した就職難に直面する若者たちに転用された。そのような意味でこの言葉を広く知らしめた最初のきっかけはおそらく朝日新聞が２００７年の年頭から連載を始めた「ロストジェネレーション：25〜35歳」というシリーズ記事であろう。この記事の初回冒頭にはこうある。

今、25歳から35歳にあたる約2千万人は、日本がもっとも豊かな時代に生まれた。そして社会に出た時、戦後最長の経済停滞期だった。「第２の敗戦」と呼ばれたバブル崩壊を少年期に迎え、「失われた10年」に大人になった若者たち。「ロストジェネレーション」。米国で第1次大戦後に青年期を迎え、既存の価値観を拒否した世代の呼び名に倣って、彼らをこう呼びたい。時代の波頭に立ち、新しい生き方を求めて、さまよえる世代。日本社会は、彼らとともに生きていく。（朝日新聞２００７年1月1日朝刊）

この連載は格差社会論とも共鳴し合いながら強い印象を残した。その翌年に顕在化したアメリカの金融危機（いわゆる「リーマン・ショック」）の影響が日本に及び、非正規雇用の人々の生活を危機にさらす（「年越し派遣村」）にいたって、ロスジェネは社会問題の象徴として語られるようになる。格差・貧困の問題を最も理不尽な形で押しつけられた世代と彼らはみなされたのである。

1970年代以降の日本の様々な「世代」と比較したときに、ロスジェネの特徴の一つは、当事者がロスジェネとして発言し、運動してきたことである。赤木智弘、杉田俊介、雨宮処凛など多くの論客が登場し、「ロスジェネ論壇」という言葉も生まれた。世代としてのアイデンティティを自覚的に持ち、それを土台として活動する人々を有する稀有な世代であった。ある意味で最も自覚的なアイデンティティをともなった世代であったといってもよい。

にもかかわらず「ロスジェネ」という用語は数年で使われなくなってしまった。先ほど紹介した記事のほぼ10年後、朝日新聞は次のような記事を掲載する。

> 就職氷河期を経た2000年代後半の日本で、『ロストジェネレーション』（ロスジェネ＝失われた世代）という言葉が一世を風靡《ふうび》した。安定した収入を得られず、職を転々とする若者たちは、『豊かな』社会のひずみを体現する存在として注目を浴びた。だが、『ロスジェネ』論壇とも呼ばれた活発な議論の姿はすでにない。なぜ失われたのか。（朝日新聞2018年7月2日朝刊）

これほど明確な自意識とともに自らを名乗った世代が、世代として忘れられていくということのうちに、「世代」という枠組みで人々を切り取ることの難しさが見て取られる。(1)

## 終わらないZ世代

「ロスジェネ」が消えてしまったのと対照的なのが「Z世代」という言葉だ。アメリカを中心に使われ始めたこの言葉は、当初はX世代(1960年代から1970年代生まれ)、Y世代(1980年代から1990年代半ば頃生まれ)のあとにくる世代という意味であった。したがって現在30代以下の若者たちはみなZ世代であることになる。(2)

日本ではどうか。三浦展が『日本溶解論――ジェネレーションZ研究』という本を出版し、話題になったのは2008年のことであった。三浦はこの本の中で当時の高校生・大学生をジェネレーションZにあたるものとしている。この世代はすでに40代に入っている。

ここで注目したいのは、「ロスジェネ」と比較したときの「Z世代」の息の長さである。あるいはその息がある意味で長過ぎるということだ。2008年の若者が2024年の若者と同じカテゴリーで括られるのだとしたら、そのカテゴリーの内実はいかなるものであり得るのだろうか。

二つのことがこの息の長さによって示唆されている。第一に、長く使われ過ぎているがゆえに「Z世代」という用語は、明確な内容を持ちえないだろうということ。結果としてそれは「最近の若者」という表現と互換的なものとして用いられる。それは空虚な記号なので、それを用いる際には、その都度の風俗現象や目立った流行などをいわば代入することになろう。語り手にとって使い勝手のよい「空虚なシニフィアン」あるいは「様々なる意匠」とでもいうべきものである。

第二に、それが空虚な記号のままでいられるということ自体が、この間、大きな違いを見出すことが難しいということを含意しているだろうということ。様々な意匠でその空虚を埋め合わせて「新しさ」を演出してみても、いずれも仮初のものに過ぎない。むしろそのような埋め合わせを繰り返すほどに、「新しさ」の演出が必死に覆い隠そうとしている「変わらなさ」の方が浮かび上がってきてしまう。

「世代」が出生時期に基づく明確な違いによって区切られるものだとすると、このような「変わらなさ」の露呈もまた、「世代」という枠組みの難しさを示すものとみることができる。

## 世代の星座の接近

「ロスジェネ」と「Z世代」という、一方は奇妙にも消え去り、他方は奇妙にも消え去らない二つの世代についての語りを取り上げ、そこに世代という問題構制の困難をみてきた。実はこのような困難は実証的な調査の結果にもその痕跡を残している。

ＮＨＫ放送文化研究所は、１９７３年以来5年ごとに、定点観測的に日本人の全般的な意識のあり方について調査を行なってきている。「日本人の意識」と名づけられたこのプロジェクトにおいては、多くの質問が長期にわたって用いられているため、人々の意識が50年の間にどのように変化してきたのかを知ることができる。

この調査の30年分のデータを用いた分析において社会学者の見田宗介は、30年間のさまざまな変化を貫く基本的な傾向として「世代の星座の接近」ということを見出した（見田［2008］）。「世代の星座」とは、意識の変化を平面上に図として描き出したときに見出される一つの型、あるいは分布のようなものだ。例えばある世代の意識は調査する時点によって少しずつ変わるだろう。10代と、30代、あるいは50代ではものの見方も考え方もそれなりに変化する。年齢を重ね、経験を積むに従って変わっていくため（年齢効果）ということもあるだろうし、世の中の全体的な傾向が変わっていくため（時代効果）ということもあるだろう。5年ごとに観測されたある世代の意識を得点化し、平面上にプロットした上で点を結んでみると、まるで星座のような図柄が浮かび上がる。この星座は世代の意識の変化をひとまとまりに示している。

このような星座をいくつかの世代について描いてみると平面上には複数の星座が並ぶことになるだろう。これらの星座が互いに離れていればいるほど、ものの見方・考え方に大きな違いがあることになる。かつて「ジェネレーション・ギャップ」と呼ばれていたものがそれだ。

この距離が、あとの世代になるほど小さくなっていく傾向、それが世代の星座の接近である。例えば「団塊の世代」とその一つ前の世代の星座の距離に比べると、新人類世代とその一つ前の世代との距離はだいぶ近づいている。新人類世代以降になると、星座は重なり始めて、世代ごとの位置を識別すること自体が難しくなっていく。

若者に注目するときに人々が期待してきたのは新しく登場した世代が、これまでにない新しい何かを社会にもたらしてくれることではなかっただろうか。世代の星座の接近が示唆しているのは、新しい世代はもはや新しくはないということだ。「ロスジェネ」や「Z世代」といった用語に現れる奇妙さは、このような世代間の違いの縮小に対応している。

## 2　多元的自己のその後

### 全体の概観

世代の星座の接近という趨勢を念頭におきながら、ここではこの10年間に生じた変化を調査データによって確認していく。主に用いるのはモバイルコミュニケーション研究会調査（松田美佐代表、2021年に実施）である。

この調査は13歳から69歳の全国の男女を対象として、2001年、2011年、2021年の三回にわたって行なわれた。回答者の選択は住民基本台帳によって、なるべく偏りの生じないようなやり方で行なわれているため、比較的よく全体の傾向を表していると考えられる(3)。

この調査の対象者を10歳ごとのグループに分けてみると、2001年の調査のときに10代だった人々は、2011年には20代、2021年には30代になっている。このことを全体についてまとめたのが**表1**である。

**表1 調査時点と出生コーホートの対応**

| | | | 2001年調査 | 2011年調査 | 2021年調査 |
|---|---|---|---|---|---|
| コーホート8 | 2002年〜生まれ | Z世代後半 | | | 10代 |
| コーホート7 | 1992年〜2001年生まれ | Z世代前半 | | 10代 | 20代 |
| コーホート6 | 1982年〜1991年生まれ | ミレニアル世代 | 10代 | 20代 | 30代 |
| コーホート5 | 1972年〜1981年生まれ | 団塊ジュニア世代 | 20代 | 30代 | 40代 |
| コーホート4 | 1962年〜1971年生まれ | 新人類世代 | 30代 | 40代 | 50代 |
| コーホート3 | 1952年〜1961年生まれ | 谷間の世代 | 40代 | 50代 | 60代 |
| コーホート2 | 1942年〜1951年生まれ | 団塊世代 | 50代 | 60代 | |
| コーホート1 | 〜1941年生まれ | 戦前世代 | 60代 | | |

「コーホート」というのはある出来事を一緒に経験した人々の集合を指す。ここでは同じ時期に「出生」を経験したコーホートを指し、先ほどから用いている「世代」という言葉に近いものだ。同じ時期に生まれたという事実の重要性は、彼らが同じくらいの年齢で同じ出来事を共有することになるという点にある。先ほどのロスジェネ・超氷河期世代（表中では団塊ジュニア世代としてあるが）は、ちょうど学校から労働市場に移行する年齢で景気の後退に見舞われたのであった。そのことがこのコーホートを「ロスジェネ」あるいは「超氷河期世代」たらしめているのである。

**表1**では生まれが古いものから順番にコーホート番号を振り、それぞれのコーホートに対応する出生年を示してある。しかし、番号と出生年だけではイメージがわきにくいので、それぞれの世代が与えられた呼び名のうちよく知られているものを合わせて示しておいた。10年の区切りは調査設計（10年ごと

の定点観測）の都合に合わせて入れたものなので、それぞれの呼び名と厳密には対応していない。例えば団塊の世代は１９４７年から１９４９年に生まれたものを指す場合が多く、新人類世代は１９５０年代末から１９６０年代末までに生まれたものを指すことが多い。表の対応はイメージしやすさを助けるための便宜的なものと考えてほしい。

本書はその増補新版も含めて、若者の自己やアイデンティティが多元化しているという仮説を提起してきた。すなわち、場面によって、文脈によって、あるいは所属する集団によって、若者は異なった顔を見せる傾向を強めてきた、という仮説である。この仮説には以下の二つの反論が想定される。

一つ目の反論はこうだ。そもそも人間の自己やアイデンティティが様々な他人との関係から生み出されてくるものである以上、人はつねにいくらかの多面性を持つし、変化のための幅（のりしろ、あるいは遊び）を持つだろう。そのような自明の理をことさら言い立てることに何の意味があるのか、と。しかしその多面性の程度は社会や時代によっても変わる。多面性が、社会の変容とともに増幅し、あたかも複数の自己を内部に抱えるかのような状態を呈するようになった社会として現代社会をみることができるのではないか。これが本書の一貫した仮説である。

この仮説を検討する最も単純なやり方は、多元性についての質問を用いた定点観測を行ない、多元性がほんとうに増大しているのかどうかを確かめることである。多面性が普遍的な事態であるとしても、それが近年になって上がってきているのだとしたら、そのような人としての普遍的な性質という以上の説明が必要になってくるはずである。そして社会学はそこでこそ求められる。

二つ目の反論は次のようなものだ。自己やアイデンティティについてのもう一つの共有されたイメージがある。それは本書の冒頭で見たようなエリクソンモデルとでもいうべきものだ。それによれば人は若い頃には自分の様々な可能性を関心の赴くままに、あるいは状況に応じて、試そうとする。したがってあたかも一貫しない様々な自己があるかのようにみえる。しかし、そのような試行期間を経て多くの人は自分なりの位置を見定め、ある程度一貫したアイデンティティをもつようになるはずだ、と。これに対して本書はアイデンティティの統合に向かうプロセスとは異なった、いわば多元的なままで生きる状況が標準化してきているのではないかと論じてきた。

この主張の当否を確認するための最も基本的な方法は、若者だけではなく、中年層・高年層において多元性がどのようになっているのかを見ることであろう。もし多元化仮説が誤っており、エリクソンモデルが今も妥当であるとしたら、年齢とともに多元性は下がり、中年層・高年層では多元性の上昇は見られないであろう。

二つの想定される反論と、モバイルコミュニケーション研究会の調査はまさにそのような検討の機会を与えてくれる定点観測である。ここでは以下の質問項目を用いて20年間の推移を見てみよう。最初の6つが自己の多元性に関わるものであり、これをまず検討する。最後の質問は他人の視線についての意識を測るものであり、多元化の促進要因としてここに含める。

私には自分らしさというものがある
自分がどんな人間かはっきりわからない
場面によって出てくる自分というものは違う
本当の自分というものは一つとは限らない
私には本当の自分と偽《にせ》の自分とがある
いくつかの自分を意識して使い分けている
自分が他人にどう見られているのか気になる

これらの質問項目はいずれも「あてはまる」から「あてはまらない」の4段階で尋ねられているので、それぞれについて4点から1点の得点を割り当てて全回答者の平均値をとることができる。その平均値の推移を示しているのが**図1**である。

「私には本当の自分と偽《にせ》の自分とがある」という項目を除く他のすべての項目は、近年になるほど増大または減少の傾向を示している（正確に言うと、性別・年齢・収入を統制した上で、調査年が有意な効果を持っている）。

有意な減少を示しているのは「私には自分らしさというものがある」という項目のみである。この項目は「自分らしさ」の確かさを尋ねるものであり、自己やアイデンティティの確立に関係していると考えられる。これが減少を示しているということは、エリクソンモデルで描き出

**図1 自己意識の変容(2001年〜2021年)**
[モバイルコミュニケーション研究会調査より]

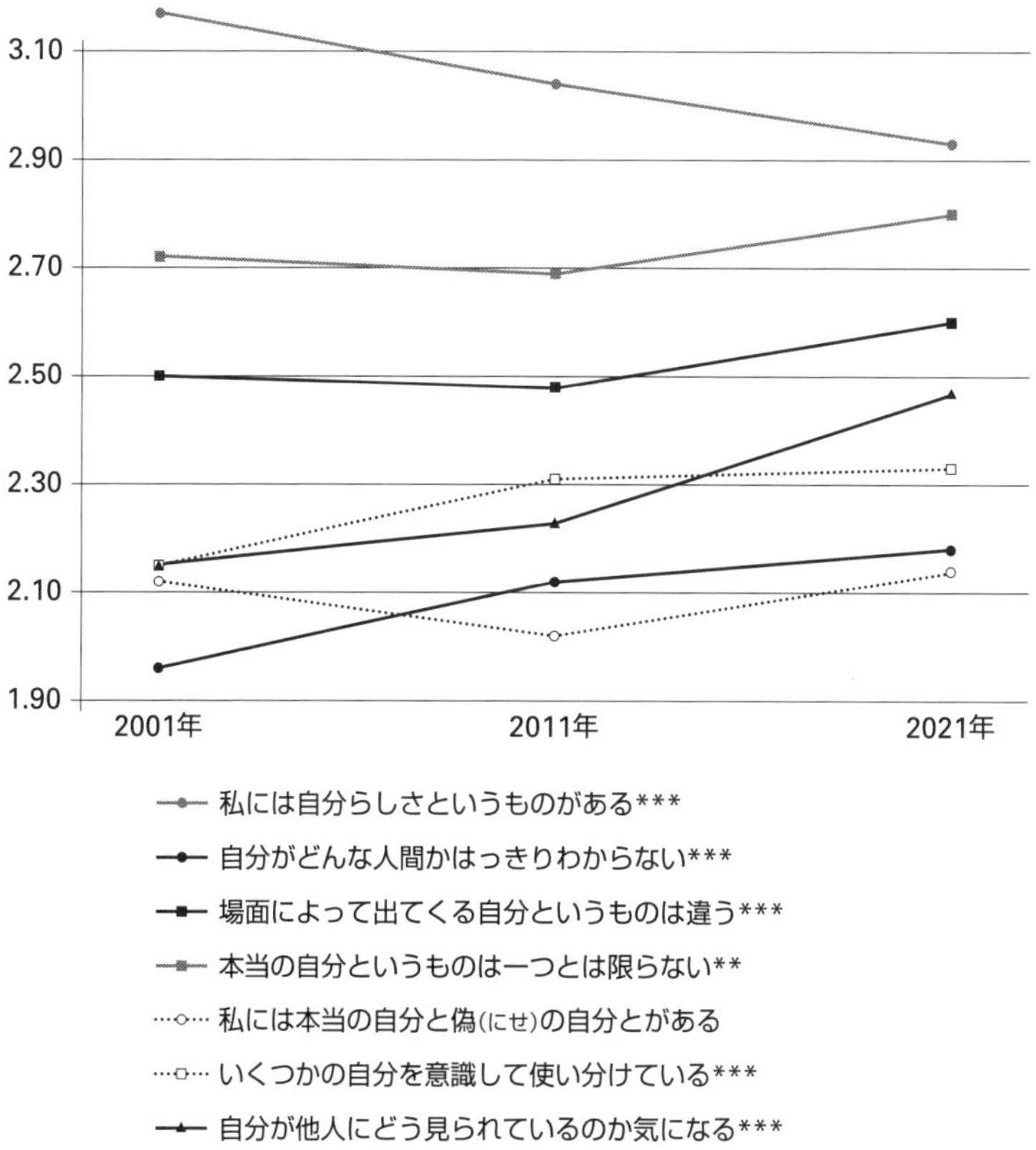


[** p<.01　*** p<.001　分散分析とF検定]

されるような発達をたどる人々が減ってきていることを示唆している。

増大を示している他の項目はいずれも一貫した自己やアイデンティティの不成立や、より積極的に多元性を意味するものである（「場面によって出てくる自分というものは違う」など）。したがって全体としてみたときにこの20年間で多元性は増大してきたということができる。加えて、自己の不明瞭感の増大と他人の視線への敏感さの上昇を指摘しておくことができよう。

## コーホート間の違い

次にこれを年齢層ごとにみてみる。すなわち、10代から60代まで6つの年齢グループに分けて、各コーホートの間の違いを検討する（**表2**）。

**表2**では、年齢層ごとに各コーホートを比較し、統計的に有意な差異が見出されたものを示した[4]。例えば、「私には自分らしさというものがある」という質問についてみてみると、２００１年の10代（ミレニアル世代）、２０１１年の10代（Z世代前半）、２０２１年の10代（Z世代後半）の間には有意な差が見出されなかったということだ（「n.s.」は not significant ＝有意ではないの意）。他方、20代についてみてみると２００１年の20代（団塊ジュニア世代）よりも２０１１年の20代（ミレニアル世代）において「自分らしさというものがある」とするものが有意に少なくなっている。あわせて上の年齢層までみていけば、30代、40代、50代、60代まで「自分らしさというものがある」と回答した人の比率は新しいコーホート（若い世代）ほど低くなっていることがわかる。別の角度からいうと、20代から60代のいずれの年齢層においても「自分らし

さ」があるとする人々の比率が（世代の交代とともに）減少しているということだ。

同様の推移は「自分がどんな人間かはっきりわからない」という項目についてもみられる。こちらは10代、20代において変化がみられないのに対して30代以上のすべての年齢層で新しい世代ほど「はっきりわからない」度合いが高くなっていることがわかる。こうしてみると自己についての不明瞭感は、若者の現象であるばかりか（あるいは若者の現象というよりも）中高年においてこそ（世代の交代にともなって）増大しているとみることもできる。これもまたエリクソンモデルから予期されるのとは異なった事態であろう。

では多元性を表す項目についてはどうか。「場面によって出てくる自分というものは違う」に注目すると、10代、20代では世代間に特段の違いは見出されず、30代、50代、60代において新しい世代ほど肯定回答率が増加していることが確認できる。「本当の自分というものは一つとは限らない」「私には本当の自分と偽の自分とがある」の二つについても同様の傾向がみられる。

「いくつかの自分を意識して使い分けている」という項目については、20代から50代の各年齢層において新しい世代ほど肯定回答率が高くなる傾向を示しており、この点では若者においても多元化の進行がみられる。

まとめれば、全体として多元化は進行しており、その傾向は若者においてもみられるが、その中心はむしろ40代以上の中高年層にあるといえそうだ。

また全体的な傾向として注意すべき点は、50代、60代に比較して10代、20代におけるコーホ

| 30代 | 40代 | 50代 | 60代 |
|---|---|---|---|
| 新人類>団塊ジュニア**,<br>新人類>ミレニアル*** | 谷間>新人類***,<br>谷間>団塊ジュニア*** | 団塊>谷間*,<br>団塊>新人類*** | 戦前>谷間***,<br>団塊>谷間** |
| 新人類<団塊ジュニア*,<br>新人類<ミレニアル** | 谷間<新人類**,<br>谷間<団塊ジュニア*** | 団塊<谷間***,<br>団塊<新人類*** | 戦前<団塊**,<br>戦前<谷間*** |
| 新人類<ミレニアル**,<br>団塊ジュニア<ミレニアル** | n.s. | 団塊<新人類** | 戦前<谷間**,<br>団塊<谷間*** |
| 新人類<ミレニアル* | n.s. | n.s. | 戦前<谷間*,<br>団塊<谷間* |
| n.s. | n.s. | 谷間<新人類* | 戦前<団塊***,<br>団塊<谷間*** |
| 新人類<団塊ジュニア**,<br>新人類<ミレニアル*** | 谷間<新人類* | 団塊<谷間*,<br>団塊<新人類** | n.s. |
| n.s. | n.s. | n.s. | 団塊>谷間* |
| n.s. | n.s. | n.s. | n.s. |
| n.s. | 谷間<新人類** | 団塊<谷間*** | n.s. |
| 新人類<ミレニアル***,<br>団塊ジュニア<ミレニアル*** | 谷間<団塊ジュニア***,<br>新人類<団塊ジュニア** | 団塊<谷間***,<br>団塊<新人類*** | 戦前<谷間***,<br>団塊<谷間*** |

### 表2 年齢層別に見たコーホート間の違い

| | 10代 | 20代 | |
|---|---|---|---|
| 私には自分らしさというものがある(3時点) | n.s. | 団塊ジュニア>ミレニアル*,<br>団塊ジュニア>Z前半** | |
| 自分がどんな人間かはっきりわからない(3時点) | n.s. | n.s. | |
| 場面によって出てくる自分というものは違う(3時点) | n.s. | n.s. | |
| 本当の自分というものは一つとは限らない(3時点) | n.s. | n.s. | |
| 私には本当の自分と偽(にせ)の自分とがある(3時点) | n.s. | n.s. | |
| いくつかの自分を意識して使い分けている(3時点) | n.s. | 団塊ジュニア<ミレニアル***,<br>団塊ジュニア<Z前半* | |
| どんな場面でも自分らしさを貫(つらぬ)くことが大切だと思う(2001年欠) | n.s. | n.s. | |
| 自分には他人にはないすぐれたところがあると思う(2001年欠) | n.s. | n.s. | |
| 仲間に自分がどう思われているかが気になる(2001年欠) | n.s. | 団塊ジュニア<ミレニアル** | |
| 自分が他人にどう見られているのか気になる(3時点) | n.s. | 団塊ジュニア<Z前半***,<br>ミレニアル<Z前半* | |

* >.05 ** >.01 *** >.001
分散分析とTukey検定による多重比較
(以下の表においても同様)

ート間の違いが相対的に少ないことだ。10代はそもそも回答者が少ないことに留意する必要はあるが、これを「世代の星座の接近」の一部とみることもできるかもしれない。

## コーホート内の変化

次に各コーホート内での変化をみていく。前項では同じ年齢層におけるコーホートの間の違いをみてきたが、ここでは一つのコーホートが年齢によってどのように異なるのかに着目する。例えば新人類ジュニア世代が、10代から20代、30代と年齢を重ねる際にどのような自己意識の変化がみられるのか、というのがここでの焦点である。

このような検討をする上で一つ注意すべきことがある。**表1**をみてもらうとわかるように、調査対象となった各コーホートは異なった年齢層からなっている。例えば年齢層による比較が可能なもののうち最も古いコーホートである団塊世代（コーホート2）は50代と60代の回答者しか含んでいない。他方、同様に最も新しいコーホートであるZ世代前半（コーホート7）には10代と20代しか含まれていない。同じ10年の変化とはいっても10代から20代への変化と50代から60代への変化はおそらくかなり異なっており、単純には比較できないであろう。

そこで各コーホート内の変化を同じ年齢層でみるために、ここでは20代から30代への変化に注目する。この期間は多くの人々にとって社会人として働き始めたり、結婚したりといった大きな変化がみられる人生段階にあたっている。そのためコーホート内の変化をみる上でも好都合である。具体的には、団塊ジュニア世代とミレニアル世代とを取り上げる。

**表3 20代から30代にかけての比較(団塊ジュニア世代とミレニアル世代)**

| | 団塊ジュニア | ミレニアル |
|---|---|---|
| 私には自分らしさというものがある | 20代>30代 *** | n.s. |
| 自分がどんな人間かはっきりわからない | n.s. | n.s. |
| 場面によって出てくる自分というものは違う | 20代>30代 ** | n.s. |
| 本当の自分というものは一つとは限らない | 20代>30代 ** | n.s. |
| 私には本当の自分と偽(にせ)の自分とがある | 20代>30代 *** | n.s. |
| いくつかの自分を意識して使い分けている | n.s. | n.s. |
| どんな場面でも自分らしさを貫(つらぬ)くことが大切だと思う | -- | n.s. |
| 自分には他人にはないすぐれたところがあると思う | -- | 20代>30代 * |
| 仲間に自分がどう思われているかが気になる | n.s. | -- |
| 自分には頼りにできる人がいない | -- | -- |
| 自分が他人にどう見られているのか気になる | n.s. | n.s. |
| ほとんどの人は信頼できる | -- | 20代<30代 * |

またこの年齢層と対比するために、また団塊ジュニア世代とそれに先行する新人類世代とを比較してみるために、30代から40代への変化にも注目する。[5]なお「成熟」の指標として「一般的信頼」についても追加的に検討してみる。

**表3**は団塊ジュニア世代とミレニアル世代の20代から30代にかけての変化を示したものだ。世代間分析の場合と同様に年齢層グループの得点平均について分散分析と多重比較を行なって判断している。「--」となっているのはその質問が尋ねられなかった年にあたっている（したがって比較ができない）ことを示す。

第一に気づくのはミレニアル世代に比べて団塊ジュニア世代の方が年

齢による変化をより多く経験しているらしいということだ。自分らしさ、場面性、多元性、二重性はいずれも30代に入って有意に低下している。他方、ミレニアル世代についてみてみると、「自分には他人にはないすぐれたところがあると思う」についてはは30代において低下しており、「ほとんどの人は信頼できる」についてはは30代において上昇している（ただしこの二つは団塊ジュニア世代についてはは欠落項目となっている）。総じて20代から30代にかけての変化あるいは落差はミレニアル世代において小さいように思われる。

第二に、それと関連して、変化の方向性に違いがみられる。すなわち、団塊ジュニア世代における変化は主に多元性の低下に関わっており、エリクソンモデルのような古典的・常識的な枠組みによって理解しやすいものだ。他方、ミレニアル世代においてはそのような変化はみられない。ここには「世代内変化」の、「世代間変化」とでもいうべきものがみられる。エリクソンモデルの後退という変化がそれだ。

次に新人類世代と団塊ジュニア世代を取り上げ、各世代が30代から40代にかけてどのような変化を示しているかをみてみよう（**表4**、表記についてはは**表3**と同様）。

一瞥してわかるように、20代から30代にかけてみられた変化と比較すると、30代と40代との間にはあまり大きな変化はみられない。

新人類世代は、30代から40代にかけて「自分らしさというものがある」とは思わなくなり、また「自分がどんな人間かはっきりわからな」くなる傾向を示している。エリクソンモデルが想定しているのとは逆に、あるいは「不惑」という言葉が示唆するのとは逆に、新人類世代は

**表4　30代から40代にかけての比較（新人類世代と団塊ジュニア世代）**

| | 新人類 | 団塊ジュニア |
|---|---|---|
| 私には自分らしさというものがある | 30代>40代 *** | n.s. |
| 自分がどんな人間かはっきりわからない | 30代<40代 * | n.s. |
| 場面によって出てくる自分というものは違う | n.s. | n.s. |
| 本当の自分というものは一つとは限らない | n.s. | n.s. |
| 私には本当の自分と偽(にせ)の自分とがある | n.s. | n.s. |
| いくつかの自分を意識して使い分けている | n.s. | n.s. |
| どんな場面でも自分らしさを貫(つらぬ)くことが大切だと思う | -- | n.s. |
| 自分には他人にはないすぐれたところがあると思う | -- | n.s. |
| 仲間に自分がどう思われているかが気になる | n.s. | -- |
| 自分には頼りにできる人がいない | -- | -- |
| 自分が他人にどう見られているのか気になる | n.s. | 30代<40代 ** |
| ほとんどの人は信頼できる | -- | n.s. |

中年期に入って自分というものについて不確かな感覚を持つようだ。団塊ジュニア世代にはそのような変化はみられないので、これは新人類世代の特徴といってよいだろう。かつてミッドライフ・クライシスという言葉が流行したことがある。それは中年期における心理的な危機を指すものであり、誰もが経験しうるもの（年齢あるいは人生段階に関わるもの）と考えられていた。だが、ここでの結果をみる限り、それは新人類世代に特有の（少なくとも団塊ジュニアにはみられない）世代的なものとみる方が適切であるように思われる。

　他方、団塊ジュニア世代について最もはっきりしているのは中年期の変化がほとんどみられないということだ。30代から40代にかけてある種の危機を経験する新人類世代に比較して団塊ジュニア世代の中年期は変化の少ないものであるといってよい。その中でも唯一明確な変化を示しているのは視線に対する敏感さである。すなわち「自分が他人にどう見られているのか気になる」度合いが30代から40代にかけて有意に上昇している。人にどう見られているのかを気にしがちな態度はしばしば思春期と結びつけて考えられやすいが、ここにみられるのはそれとは逆のこと、つまり中年期にそのような態度が強まるということだ。しかもこれは新人類世代にはみられない変化である。これもまた「世代内変化」の「世代間変化」と呼ぶことができよう。

整理してみると次のようになる。第一に20代から30代にかけての変化は、総じて30代から40代にかけてのそれよりも多様である。その意味では若者から中年への移行は今もなお人生の一種の断層をなしているといえそうだ。第二に、しかしながらその二つの移行のいずれにおいても後続世代の変化は先行世代よりも小さくなっている。世代内変化そのものが世代によって異なっていること（世代内変化の世代間変化）がうかがわれた。第三に、自己の多元性は20代から30代にかけて弱まっていくことが示唆された。その限りにおいてアイデンティティが発達にともない統合されていくというエリクソンのモデルは一定の有効性を有している。しかしながら、それは団塊ジュニア世代に限ってみられる傾向であり、ミレニアル世代についてはみられなかった。エリクソンモデルの有効性は限定的なものとみるべきだろう。

ここまで世代間の違いと世代内の違いを見てきた。これをふまえて本節冒頭で示した課題に答えてみよう。

第一に、若者の自己の多元化は進んでいるのだろうか。この問いに対する答えはまずは然りとなる。世代間の違いをみてみると20代において「いくつかの自分を意識して使い分け」る傾向が強まっていた。だが、それと同時に注意すべきは、多元化が進行しているのは若者だけではないということだ。場面性は30代、60代において、本当の自分の複数性は60代において増大していることが確認された。したがって、若者の多元性が強まっていると一応はいえるが、より上の年齢層においても多元性が強まりつつあるため、多元性を若者だけの特徴というのは難しくなりつつある。また多元性に限らず、若い年齢層において意識の変化の度合いが小さくなっており、世代間の変化の減速とみることができるかもしれない。

第二に、エリクソンが想定したような成長のモデルは失効したといえるか。この問いに対する答えは結論としては然りとなるが、その様相は単純ではない。まず、団塊ジュニア世代においては、20代から30代にかけてエリクソンモデルが想定するような変化を見て取ることができる。その限りにおいてはエリクソンモデルがいまだ有効であるともいえるのであるが、後続するミレニアル世代においてはそのような変化はみられない。これは、エリクソンの発達モデルはすべての世代に妥当する普遍的なものではないということを示唆しているだろう。このモデルが含意している世代内の変化それ自体が世代に依存しているといってもよい。

## 3　若者論の行方

ここまで、２００１年から10年ごとに3回行なってきた調査のデータを用いて、この20年の間に人々の自己意識がたどってきた変化を確認してきた。

おおまかな傾向としては、自分らしさの曖昧化・不明瞭化、自己の多元化、視線への敏感化といったものを指摘できる。だがその変化の中身をコーホート（世代）という区切りを補助線にしてみてみると、事態はもう少し複雑であるようだ。

世代間の違いに注目すると、これらの変化は世代の交代にともなっていずれの年齢層においても生じている。そのためその変化を若者の特徴とみなすことは難しくなりつつある。特に本書が重視してきた自己の多元化は、若者においてもある程度みられるものの、むしろ中高年において際立つ特徴となりつつある。

また全体として10代、20代では世代間の違いがあまり大きくはないことも確認された。これはもしかすると最初に見たような「世代の星座の接近」のあらわれであるのかもしれない。

以上のことは、世代の違いに準拠した世代論が語りにくくなっているということを意味している。というのもどの年齢層においても同様の変化が生じ、その変化が一方向的であるということは、どの世代も「先行世代よりはより多く・少なく〜であるが、後続世代よりはより少なく・多く〜である」という形でしか把握できないということだからだ。しかもそのような変化の勾配は若い世代ほど小さくなっている可能性がある。

世代内の変化についてはどうか。まず確認されたのは、例えばエリクソンがその典型であるような人生の発達段階が今もなおある程度有効であるようだということだ。だが、その段階の段差もまた新しい世代においては小さくなっているかもしれない。この点についてはさらに長期の観察が必要であるが、少なくとも世代によって発達段階の段差の大きさには違いがありそうだということを、今回検討したデータは示唆している。

もしこの傾向が一時的なものではないとしたら、発達段階のある時期（例えば10代や20代）の特徴をもって若者について語ること（例えばエリクソンがそうしたように）もまた難しくなっていくだろう。

つまり世代論としても、発達段階論としても若者について語ることは難しくなっていくように思われるのである。

それでも若者についてなにごとかを語り得るとすれば、それは世代を歴史的出来事との共振としてとらえた場合であろう。世代を社会学的な課題として論じた最初期の社会学者の一人カール・マンハイムは、世代について以下のように述べている。世代とは単に同じ時期に同じ地域に生まれたということから生じるのではない。それは「歴史的・社会的統一の共通の運命に参加することである」と（Mannheim［1928=1976:193］）。

日本の近代を考えると、「共通の運命」としてはっきりした輪郭をもった出来事はおそらく太平洋戦争と高度経済成長であろう。例えば見田宗介は、彼のよくしられた戦後史の三区分

（理想の時代・夢の時代・虚構の時代）について振り返りながら、この区別の要は経済の高度成長が日本社会を根底から変えてしまった点にあると述べている（見田［2011］）。戦争と未曾有の経済成長。この二つの出来事にいやおうなく巻き込まれることで人々は「共通の運命」への参加を余儀なくされた。

では今日の日本社会において「共通の運命」と呼ぶことのできる巨大な出来事は生起しつつあるだろうか。この問いに対して、少なくとも高度経済成長のような形での根底的な変化はもう起こらないだろう、というのが見田の先の時代区分の含意である。虚構の時代のあとに続くのはしいていえば「バーチャルの時代」であると見田がいうのは、高度経済成長のような社会全体の変化は徐々に減速していくだろうという見通しに立ってのことなのである（見田［2011］）。このような減速のもとでは人々を「世代」へと集結させる「共通の運命」ははっきりした像を結ばなくなるだろう。世代の星座の接近とはそのような事態のあらわれなのである。

もちろん戦争や大災害のような巨大な出来事が緩やかな減速過程に断裂をもたらし、世代形成の触媒となるということはあり得る。前世紀末以来、日本社会が経験してきた震災や疫病がそのような出来事であり得るのか、といったことについても今後慎重な検討が必要であろう。けれども基本的な水準においては減速過程をたどりつつある社会において、世代や若者についてどのように語り得るのかという問題は残る。

ここでは、この問題について二つの視点の取り方をあげておく。

一つは、やや逆説的な言い方になるが、減速過程に入ったということ自体がある意味で非常に大きな出来事であり、「共通の運命」であるという視点だ。そして出来事が大きなものであればあるほど、それに関わり合う仕方も多様であり得る。

マンハイムは、このような多様性を表現するために「世代統一」という言葉を用いている（Mannheim［1928=1976:195］）。同じ出来事に関わり合う「世代」の中にも、その関わり方の違いによって複数の統一が同時に存在しうる。とするなら、社会の減速過程への移行という巨大な出来事に対して生じるいくつかの関わり方を比較検討するという研究のあり方が考えられる。そのような観点から振り返ってみれば、オタクと新人類とを機能的に等価なものとみなした宮台真司の分析（本書第4章）は、高度経済成長の終焉という共通の運命に参加する二つの様態を比較したものと考えることもできるだろう。

もう一つは、減速過程が巨大な出来事であるということが、同時に、長期にわたる過程であるということをも含意しているだろうという視点だ。見田宗介は哲学者ヤスパースにならってこの減速過程を第二の軸の時代と呼んでいるが（見田［2018:15］）、ヤスパースのそれは数百年の幅をもった概念であった。現在、先進諸社会の人々が先行して差し掛かりつつあるこの巨大な曲がり角もまた、それを曲がり切るのに同じ程度の時間がかかるだろう。

変化の大きさがそれに見合った時間を必要とするなら、その変化への関わり合いによって形成される世代もまたこれまでより長い幅の時間で捉えるべきものとなるのではないか。例えば見田宗介は、１９８０年代の若者（新人類世代）に（当時与えられていたイメージとは正反対の）脱消費社会的な潜在力を見て取っていたが、これはまた見田が２０００年代の若者に見出したものでもあった（浅野［2023］）。とすると、これまで（この補論においてもそうしてきたのだが）10年から15年程度で世代を区切るような枠組みでは見えてこない変化の波に照準するというやり方が考えられよう。それを世代現象と呼ぶかどうかは個々人の好みにもよるだろうが、ここではそれをこれからの世代論の可能なあり方の一つとしてみておきたい。

以上の二つの方向性を示唆して、10年目の補論の結びとしたい。

## 注

（1）ロスジェネのその後については浅野［2024］を参照。

（2）ちなみにアメリカでは2010年代半ば以降に生まれた人々をジェネレーション・アルファと呼ぶこともあるという。彼らが高校生、大学生になる頃にはZ世代という言葉はアルファ世代という言葉に取って代わられているのだろうか。

（3）2011年の調査結果に基づいた研究成果として、松田・土橋・辻［2014］を参照。

（4）具体的には分散分析と多重比較という手法を用いて平均値の違いが統計的に有意であるかどうかを確認している。

（5）「若者」の年齢上の区別があいまいになっているため、30代もまた若者であると考えられることが増えたという点も考慮している。

## 引用・参考文献（著者名アルファベット順）


天野義智　1992　『繭の中のユートピア――情報資本主義の精神環境論』弘文堂

浅野智彦編　2006　『検証・若者の変貌――失われた10年の後に』勁草書房

浅野智彦　2011　『趣味縁からはじまる社会参加』岩波書店

浅野智彦　2023　「見田宗介／真木悠介の社会学を若者論として読み直す」『思想』１１９２号、岩波書店

浅野智彦　2024　「ロスジェネとは誰のことか」『世界』２０２４年５月号、岩波書店

東浩紀　2001　『動物化するポストモダン――オタクから見た日本社会』講談社現代新書

Baudrillard, Jean　1970　*La société de consommation*, Éditions Planète = 1979　今村仁司・塚原史訳、『消費社会の神話と構造』紀伊國屋書店

Bauman, Zygmunt　2001　*Community*, Polity Press = 2008　奥井智之訳、『コミュニティ――安全と自由の戦場』筑摩書房

Bauman, Zygmunt　2004　*Identity*, Polity Press = 2007　伊藤茂訳、『アイデンティティ』日本経済評論社

Bauman, Zygmunt　2004　*Work, Consumerism and the New Poor*, 2nd edition, Open University Press = 2008　伊藤茂訳、『新しい貧困――労働、消費主義、ニュープア』青土社

Brinton,Mary C.　2008　*Lost in transition*, Cambridge University Press = 2008　池村千秋訳、『失われた場を探して――ロストジェネレーションの社会学』ＮＴＴ出版

Cote, James & Levine, Charles　2002　*Identity Formation, Agency, and Culture*, Lawrence Earlbaum Associates

團康晃　2013　「『おたく』の概念分析」『ソシオロゴス』37号

土井隆義　2008　『友だち地獄――「空気を読む」世代のサバイバル』ちくま新書

Erikson, Erik Homburger　1968　*Identity*, Norton = 1973　岩瀬庸理訳、『アイデンティティ――青年と危機』金沢文庫

Erikson, Erik Homburger　1974　*Dimensions of a new identity*, Norton = 1979　五十嵐武士訳、『歴史のなかのア

イデンティティ――ジェファソンと現代』みすず書房

江藤淳　1967『成熟と喪失――〝母〟の崩壊』河出書房新社→1993　講談社文芸文庫

藤村正之・浅野智彦・羽渕一代編　2016『現代若者の幸福』恒星社厚生閣

藤田英典　2008「学力とゆとりの構造的矛盾」『現代思想』２００８年４月号、青土社

古市憲寿　2010『希望難民ご一行様――ピースボートと「承認の共同体」幻想』光文社新書

古市憲寿　2011『絶望の国の幸福な若者たち』講談社

玄田有史　2005『14歳からの仕事道』理論社

Giddens, Anthony　1991 *Modernity and self-identity*, Polity Press = 2005　秋吉美都・安藤太郎・筒井淳也訳、『モダニティと自己アイデンティティ――後期近代における自己と社会』ハーベスト社

後藤和智　2008『「若者論」を疑え!』宝島社新書

Granovetter, Mark　1973 "The Strength of Weak Ties", *American Journal of Sociology* Vol.78-6 = 2006　大岡栄美訳、「弱い紐帯の強さ」、野沢慎司編『リーディングス　ネットワーク論』勁草書房

ぎょうせい編　1985『臨教審と教育改革』ぎょうせい

Habuchi, Ichiyo　2005 "Accelerating Reflexivity", *Personal, Portable, Pedestrian : Mobile Phones in Japanese Life*, MIT Press

羽渕一代・岩田考・菊池裕生・苫米地伸編　2006『若者たちのコミュニケーション・サバイバル――親密さのゆくえ』恒星社厚生閣

羽渕一代編　2008『どこか〈問題化〉される若者たち』恒星社厚生閣

浜口恵俊　1982『間人主義の社会 日本』東洋経済新報社

橋元良明　1998「パーソナル・メディアの普及とコミュニケーション行動――青少年にみる影響を中心に」、竹内・児島・橋元編『メディア・コミュニケーション論』北樹出版

速水健朗　2008『ケータイ小説的。――〝再ヤンキー化〟時代の少女たち』原書房

平野啓一郎　2012『私とは何か――「個人」から「分人」へ』講談社現代新書

広田照幸　2001　『教育言説の歴史社会学』名古屋大学出版会
本田透　2005　『萌える男』ちくま新書
本田由紀　2005　『多元化する「能力」と日本社会――ハイパー・メリトクラシー化のなかで』ＮＴＴ出版
本田由紀・内藤朝雄・後藤和智　2006　『「ニート」って言うな！』光文社新書
Horiguchi, Sachiko　2012　"Hikikomori : How private isolation caught the public eye", Goodman,R., Imoto,Y., & Toivonen, T. eds., *A sociology of Japanese youth*, Routledge
堀井憲一郎　2006　『若者殺しの時代』講談社現代新書
池田謙一編著　2005　『インターネット・コミュニティと日常世界』誠信書房
稲葉振一郎　2008　『「公共性」論』ＮＴＴ出版
石田光規　2009　『産業・労働社会における人間関係――パーソナルネットワーク・アプローチによる分析』日本評論社
岩木秀夫　2004　『ゆとり教育から個性浪費社会へ』ちくま新書
金田淳子　2007　「マンガ同人誌――解釈の共同体のポリティクス」、佐藤・吉見編『文化の社会学』有斐閣
苅谷剛彦　2001　『階層化日本と教育危機――不平等再生産から意欲格差社会へ』有信堂高文社
苅谷剛彦　2002　『教育改革の幻想』ちくま新書
川崎賢一・浅野智彦編　2016　『〈若者〉の溶解』勁草書房
香山リカ　2008　『ポケットは80年代がいっぱい』バジリコ
北田暁大　2002　『広告都市・東京――その誕生と死』廣済堂出版　→2011　増補版、ちくま学芸文庫
北田暁大　2005　『嗤う日本の「ナショナリズム」』ＮＨＫブックス
北田暁大　2012　「若者論の理由――若者文化論はなぜ繰り返され続けるのか」、小谷・土井・芳賀・浅野編『〈若者の現在〉文化』日本図書センター
小林多寿子　1997　『物語られる「人生」――自分史を書くということ』学陽書房
国立社会保障・人口問題研究所編　2013　『人口統計資料集　２０１３年版』

小谷敏　1993　『若者論を読む』世界思想社
小谷敏　2011　「若者は再び政治化するか」、小谷・土井・芳賀・浅野編『〈若者の現在〉政治』日本図書センター
久木元真吾　2003　「『やりたいこと』という論理――フリーターの語りとその意図せざる帰結」『ソシオロジ』２００３年10月号
Lofus, Elizabeth F. & Ketcham, Katherine　1994　*The myth of repressed memory*, St. Martin's Press＝2000　仲真紀子訳、『抑圧された記憶の神話』誠信書房
牧野智和　2012　『自己啓発の時代――「自己」の文化社会学的探究』勁草書房
Mannheim, K.　1928　"Das Problem der Generationen", *Kölner Vierteljahrshefte für Soziologie* 7＝1976　鈴木広訳、「世代の問題」『マンハイム全集3』潮出版社
松田美佐・土橋臣吾・辻泉編　2014　『ケータイの２０００年代――成熟するモバイル社会』東京大学出版会
松谷創一郎　2008　「〈オタク問題〉の四半世紀」、羽渕一代編『どこか〈問題化〉される若者たち』恒星社厚生閣
見田宗介　1995　「現代日本の感覚変容」『現代日本の感覚と思想』講談社学術文庫
見田宗介　2008　「日本人の意識の未来」、ＮＨＫ放送文化研究所編『現代社会とメディア・家族・世代』新曜社
見田宗介　2011　「定本解題」『定本　見田宗介著作集Ⅵ』岩波書店
見田宗介　2018　『現代社会はどこに向かうか』岩波新書
三浦展　2001　『マイホームレス・チャイルド――今どきの若者を理解するための23の視点』クラブハウス→2006　文春文庫
宮台真司　1994　『制服少女たちの選択』講談社　→2006　朝日文庫
宮台真司　1997　『まぼろしの郊外――成熟社会を生きる若者たちの行方』朝日新聞社

宮本みち子　2002　『若者が〈社会的弱者〉に転落する』洋泉社新書
溝上慎一　2004　『現代大学生論――ユニバーシティ・ブルーの風に揺れる』ＮＨＫ出版
溝上慎一　2010　『現代青年期の心理学――適応から自己形成の時代へ』有斐閣
森真一　2000　『自己コントロールの檻――感情マネジメント社会の現実』講談社選書メチエ
森真一　2005　『日本はなぜ諍いの多い国になったのか――「マナー神経症」の時代』中公新書ラクレ
森川嘉一郎　2008　「『おたく』という文化圏の成立」、岩崎稔他編『戦後日本スタディーズ３』紀伊國屋書店
毛利嘉孝　2009　『ストリートの思想――転換期としての１９９０年代』ＮＨＫブックス
村上龍　2003　『13歳のハローワーク』幻冬舎
中島梓　1991　『コミュニケーション不全症候群』筑摩書房　→1995　ちくま文庫
中島梓　1998　『タナトスの子供たち――過剰適応の生態学』筑摩書房　→2005　ちくま文庫
中西新太郎　2004　『若者たちに何が起こっているのか』花伝社
中野収・平野秀秋　1975　『コピー体験の文化――孤独な群衆の後裔』時事通信社
ＮＨＫ放送文化研究所編　2008　『現代社会とメディア・家族・世代』新曜社
荻上チキ　2008　『ネットいじめ』ＰＨＰ新書
荻上チキ　2009　『社会的な身体――振る舞い・運動・お笑い・ゲーム』講談社現代新書
小熊英二　2009　『１９６８――上：若者たちの叛乱とその背景／下：叛乱の終焉とその遺産』新曜社
岡田斗司夫　2008　『オタクはすでに死んでいる』新潮新書
小此木啓吾　2000　『「ケータイ・ネット人間」の精神分析』飛鳥新社　→2005　朝日文庫
大野更紗・川口有美子　2012　「生きのびるための、女子会」、『現代思想』２０１２年６月号、青土社
大澤真幸　2004　『帝国的ナショナリズム』青土社
大澤真幸・金子勝　2002　『見たくない思想的現実を見る』岩波書店
大澤真幸・斎藤環　2003　「『多重人格』の射程」、斎藤環『解離のポップ・スキル』勁草書房
大塚英志　1989　『物語消費論――「ビックリマン」の神話学』新曜社　→2001　定本、角川文庫

大塚英志　1996　『「彼女たち」の連合赤軍――サブカルチャーと戦後民主主義』文藝春秋　→2001　角川文庫
Riesman, David　1961　*The Lonely Crowd*, Yale University Press＝1964　加藤秀俊訳、『孤独な群衆』みすず書房
臨時教育審議会　1985　「教育改革に関する第一次答申」
臨時教育審議会　1987　「教育改革に関する第四次答申」
斎藤貴男　2000　『機会不平等』文藝春秋　→2004　文春文庫
斎藤環　1996　「解離現象から見た『おたくとオウム』」、『アルコール依存とアディクション』13巻3号、ヘルスワーク協会
佐々木敦　2009　『ニッポンの思想』講談社現代新書
佐々木敦　2011　『未知との遭遇――無限のセカイと有限のワタシ』筑摩書房
佐々木賢・大内裕和　2008　「討議　学校改革――何が変わったのか」『現代思想』2008年4月号、青土社
佐藤博志・岡本智周　2014　『「ゆとり」批判はどうつくられたのか』太郎次郎社エディタス
Sennett, Richard　1998　*The Corrosion of Character*, Norton＝1999　斎藤秀正訳、『それでも新資本主義についていくか』ダイヤモンド社
澁澤文隆編著　1999　『中学校　新学習指導要領Q＆A』教育出版
塩原勉　1971　「青年問題への視角」『社会学評論』第22巻2号
鈴木健　2013　『なめらかな社会とその敵――PICSY・分人民主主義・構成的社会契約論』勁草書房
鈴木謙介　2005　『カーニヴァル化する社会』講談社現代新書
鈴木謙介　2008　『サブカル・ニッポンの新自由主義――既得権批判が若者を追い込む』ちくま新書
鈴木翔　2012　『教室内カースト』光文社新書
高原基彰　2009　『現代日本の転機――「自由」と「安定」のジレンマ』NHKブックス
田中康夫　1981　『なんとなく、クリスタル』河出書房新社　→1985　新潮文庫
辻大介　1999a　「若者語と対人関係」『東京大学・社会情報研究所紀要』№57

辻大介　1999b「若者のコミュニケーションの変容と新しいメディア」、橋元・船津編『子ども・青少年とコミュニケーション』北樹出版
辻泉　2012「オタクの現在を考える」『青少年問題』２０１２年秋季号
内田隆三　1987『消費社会と権力』岩波書店
内田隆三　1993「ソフトな管理の変容――家庭の生成と臨界点」、『岩波講座　社会科学の方法Ⅷ――システムと生活世界』岩波書店
上野千鶴子　1987『〈私〉探しゲーム――欲望私民社会論』→1992　増補版、ちくま学芸文庫
上野千鶴子・三浦展　2007『消費社会から格差社会へ――中流団塊と下流ジュニアの未来』河出書房新社
山田真茂留　2000「若者文化の析出と融解」、宮島喬編『講座社会学7　文化』東京大学出版会
吉見俊哉　1987『都市のドラマトゥルギー――東京・盛り場の社会史』弘文堂→2008　河出文庫
吉見俊哉　1994『メディア時代の文化社会学』新曜社

浅野智彦（あさの・ともひこ）
1964年、仙台市生まれ。東京大学大学院社会学研究科博士課程単位取得退学。現在、東京学芸大学教育学部教授。専門は社会学（自己論・物語論・若者文化論）。著書に、『趣味縁からはじまる社会参加』（岩波書店）、『自己への物語論的接近』（勁草書房）、『自己語りの社会学』（共編・新曜社）、『〈若者〉の溶解』（共編・勁草書房）、『現代若者の幸福』（共編・恒星社厚生閣）、『グローバル・コミュニケーション』（共編・ミネルヴァ書房）、『若者とアイデンティティ（リーディングス日本の教育と社会）』（編著・日本図書センター）、『検証・若者の変貌』（編著・勁草書房）など。

本書は、『「若者」とは誰か——アイデンティティの30年』（2013年8月刊、河出ブックス）に「補章①」を追加した増補新版（2015年12月刊、河出ブックス）へ、さらに「補章②」を増補してサブタイトルを改題したものです。

# 「若者《わかもの》」とは誰《だれ》か——アイデンティティの社会学《しゃかいがく》

2024年11月20日　初版印刷
2024年11月30日　初版発行

著者——浅野《あさの》智彦《ともひこ》
発行者——小野寺優
発行所——株式会社河出書房新社
〒162-8544　東京都新宿区東五軒町2-13
電話03-3404-1201(営業)／03-3404-8611(編集)
https://www.kawade.co.jp/
装丁・本文設計——天野誠(magic beans)
組版——株式会社キャップス
印刷・製本——中央精版印刷株式会社



Printed in Japan　ISBN978-4-309-23166-2